中国特色
新闻学
研究丛书

中国特色新闻论

李彬 著

中国国际广播出版社

代　序

在中国式现代化与百年未有之大变局的背景下，清华大学举办新闻教育专题座谈会，讨论"中国新闻教育自主人才培养"，可谓恰逢其时，具有突出的现实性、针对性、迫切性。2024年是我从教40周年，刚好也从清华大学退休，这里就结合工作经历谈点感想。

我于1984年在郑州大学新闻系从教，1994年任副系主任。1998年调中国青年政治学院新闻与传播学系（中国社会科学院大学新闻传播学院前身），任系主任。2001年入清华大学，参与筹办新闻学院，翌年学院成立，先以院长助理，后以副院长，协助范敬宜院长分管教学工作。其间，还曾任学院学术委员会副主任、主任。回顾40年的教书生涯以及近20年的管理经历，回望新中国70多年新闻教育的风雨历程，特别是跟随范院长开创清华大学新闻教育的难忘时光，我对"不忘初心、牢记使命"感触尤深。

一

1937年，毛泽东为中国人民大学前身——陕北公学成立题词。习近平总书记在庆祝共青团成立100周年讲话中引用了这段题词：

> 要造就一大批人，这些人是革命的先锋队。这些人具有政治远见。这些人充满着斗争精神和牺牲精神。这些人是胸怀坦白的，忠诚的，积极的，与正直的。这些人不谋私利，唯一的为着民族与社会的解放。这些人不怕困难，在困难面前总是坚定的，勇敢向前的。这些人不是狂妄分子，也不是风头主义者，而是脚踏实地富于实际精神的人们。中国要有一大群这样的先锋分子，中国革命的任务就能够顺利的解决。

这一题词既是培养先锋队后备军的宣言与目标，又何尝不是共产党、新中国高等教育包括新闻教育的初心与使命。新中国成立前夕，毛泽东在中南海与胡乔木、邓拓、安岗谈话，提出要办中国自己的新闻教育。而我们开办新闻教育，设立新闻院系，说到底无不为了培养一代又一代新闻领域的"社会主义建设者和接班人"，造就一批又一批"政治坚定、业务精湛、作风优良、党和人民放心"的新闻大军。70多年新闻教育的光荣与梦想，也充分展现了这一初心与使命。

——郭超人，1956年北京大学新闻专业首届毕业生，位至新华社社长、中央委员。作为中国共产党、新中国培养的第一代大记者、名记者，他的理论水平、政治眼光、文化底蕴、专业水平，已经成为新闻界交口称道的一个传奇。

——作为新中国前30年的三大重镇，复旦大学新闻系、中国人民大学新闻系、北京广播学院（中国传媒大学前身）新闻系走出众多新闻战线的领军人物，如艾丰、杨伟光、徐光春等。在吴玉章、安岗等革命家、教育家、大报人的创办引领下，在一批八路军、新四军新闻人的开拓进取中，中国人民大学新闻系更成为新中国新闻教育的一面旗帜，形成马列道统、革命传统、中国学统一脉贯通的自主知识体系与人才培养模式。我的老领导项德生1964年毕业于此，做过徐光春、郑保卫的辅导员，20世纪80年代执教郑州大学新闻系。虽曾受到政治运动的无端牵累，但信仰坚定、始

▶ 代　序

终如一，忠诚于党的教育事业，90年代初在国内"第三世界"新闻系中创立了全国屈指可数的硕士学位点之一。我从1984年与他相识，数十年深受其影响，他去世前一年，我在《中国记者》上撰文谈他的新作《仅仅是起点》，题为"一位马克思主义新闻教育家"。

——1964年毕业的南振中又是一种类型。按照时新的评判标准，他毕业的郑州大学是一所建校不过十来年的地方高校，说不上多少大楼大师，而从中却走出一位首届范长江新闻奖获得者、新华社总编辑。如陕北公学的题词所示，他具有政治远见，胸怀坦白，不谋私利，不怕困难，脚踏实地，富于实际精神。2013年，他出任母校新闻学院院长后，将穆青的名言"勿忘人民"作为院训，刻石立碑，竖在楼前，而且教书育人，身体力行。他一到任首先开展细致的调查研究，召开不同层次的师生座谈会，一如既往地体现"深入群众，不尚空谈"的新闻作风。然后，利用一个寒假，针对调研中发现的问题，完成一部《大学该怎么读——给大学生的75封回信》。这本书也收入《南振中文集》，题为《老记者与大学生的对话》。"对话"通篇流露着教书育人的拳拳之心、殷殷之意，娓娓道来，引人入胜，堪称大学教育以及新闻教育的必读书。2023年，入选"新华荐书·青春书单"（第一季）十本推荐图书，同时入选的还有冯友兰的《中国哲学史》、夏莹的《青年马克思是怎样炼成的？》、陈晋的《读书有法：毛泽东的读书故事》等。据悉，清华大学研工部2024年准备把这本书列入研究生党团班集体的建议阅读书目。

——20世纪70年代工农兵大学生中同样不乏佼佼者，如复旦大学的赵化勇、北京大学的陈力丹等。

——1983年5月，由中宣部、教育部召集，由分管党的宣传思想文化工作的中宣部部长、书记处书记邓力群出席的全国新闻教育工作座谈会，更使新闻教育进入快车道。如今，高等院校普遍开设新闻传播学科。当年我作为"文化大革命"后第一届大学生入学时，郑州大学只在中文系里设有新闻方向，1983年成为新闻专业，1984年又成立新闻系，2024年恰好

40年。如今，郑州大学新闻学科从起初的"十几个人，七八条枪"，发展到拥有博士授予权、博士后流动站的全国第一梯队新闻学院，在校生已相当于我们"七七级"的全校人数。而郑州大学只是新闻教育突飞猛进的一个缩影。

遍地开花的新闻院系以及相关专业中，汇聚了长江后浪推前浪的新闻生力军，诸如北京大学的何平、山东大学的张严平、郑州大学的解国记、中国人民大学的温铁军、南京政治学院的贾永、北京广播学院的丁伟、复旦大学的劳春燕等。虽然"有名英雄"好像是屈指可数，但正如毛泽东说的"有名英雄是从无名英雄中产生出来的"。长江大河源于千岩万壑，没有浩浩莽莽的高原，不可能耸立起一座座高峰。值得自豪又令人深思的是，成千上万"非常倜傥之人"多是本科毕业。可以说，新中国70多年来，新闻院系走出的学子为人民鼓与呼、为社会主义保驾护航，支撑了新闻舆论的半壁江山。

二

随着新闻教育的狂飙突进，也难免出现各种失调，突出体现于价值立场与专业定位，如"以洋为尊、以洋为美、唯洋是从"。

进入新时代，国家发展层面的失调正在不断化解，意识形态工作以及高等教育领域也气象一新。习近平总书记一系列重要讲话，包括宣传工作、新闻舆论工作、哲学社会科学工作、高校思想政治工作等讲话，提出构建自主知识体系、培养建设者和接班人而非旁观者和掘墓人，以及新闻学列入哲学社会科学的11门支撑性学科等，无不为新闻教育拨乱反正指明大方向。

正是在此背景下，为了加强党对新闻教育的领导，2013年中宣部、教育部发布《关于地方党委宣传部门与高等学校共建新闻学院的意见》，包括北京市委宣传部与人民大学在内的省市党委宣传部门纷纷与高校签署共建新闻学院协议。10年来，部校共建取得突出成效，逆转了马克思主义边缘化的趋势，遏制了美西方新闻学的蔓延，确立了习近平新时代中国特色社会主义思想的地位。

常言道，天行有常，万变不离其宗。无论走得再远，也不能忘记新闻教育从哪里来，到哪里去。正如当今世界，军事领域变化多端，眼花缭乱，但无论如何千变万化，无论大国小国，军队的本质即对内统治、对外御敌的暴力机器都依然如故。如果不能克敌制胜，不能保家卫国，那么拥有再高精尖的武器，再纸上谈兵高大上的理论，也难免沦为现代版的赵括、马谡。

同理，无论社会怎么变化，技术如何翻新，共产党、新中国新闻教育的初心与使命都在于培养社会主义新闻事业的建设者和接班人。因此，坚持马克思主义对新闻教育与新闻学科的主导地位，突出新时代新思想的统领作用，明确中国道路、中国式现代化以及"治国理政，定国安邦"对人才培养的根本制约，应是新闻院系一切工作的共同遵循和普遍法则。否则，再多博士、海归、长江学者、学科带头人，再高端的媒体实验室，再充足的办学经费，再国际化的项目及其研究成果，一句话，再红火的新闻教育，也如"下笔千言，离题万里"。

三

不忘初心、牢记使命。为了切实解决新闻教育的一系列失调，重新确立自主人才培养体系，首先不能不面对师资问题。因为，培养什么人、怎么培养人、为谁培养人的问题，无不落实于什么人培养。

对教师来说，教书育人自然属于本分，是人民教师的首要责任。2014年，我从教30年时，北京市教育工会颁授给我一个纪念奖状，上书"教书育人"。就新闻教育而言，教书育人一是培养学生过硬的马列主义理论功底，二是夯实广博深厚的文化底蕴，三是训练实事求是的调查研究本领，四是掌握娴熟的采写编评播等能力。概括起来，就是习近平总书记提出的"四力"——脚力、眼力、脑力、笔力。

与此同时，在教学相长之际，面对新情况、新问题，研究真问题，真研究问题。而研究学术问题说到底为的是教书育人，而非仅仅为了评职称、争帽子，更非追逐所谓"国际化"，也就是美国化。我赞同熊澄宇教授的看法，一流大学无非两点：就是出人才，出思想。出人才，属于教书育人；出思想，属于学术研究。进而言之，如果说教学与科研是一对矛盾，那么，矛盾的主要方面是出人才，次要方面是出思想，或者说教书育人是正业，学术研究是副业。

总之，确立中国新闻教育自主人才培养的目标与方向，师资及其知识结构位列前茅。如果现行的体制机制与学术评价同新时代格格不入的突出矛盾得到根本解决，新闻院系就不必一味追求高学历、洋学历，以及七七八八、热热闹闹的身外之物，而需下大力气摆脱从书本到书本、从纽约到巴黎的本本主义，切实立足中国大地，从白云深处千万家的"山沟沟里"，探求真知，追求真理。也因如此，当下尤需警惕借"国际化"、讲好中国故事等，进一步强求师生赴美"镀金"，甚至愈发青睐海外背景。须知越是全球化、讲好中国故事，就越需要师生走向基层、走向实践、走向天辽地阔的亚非拉、"走向历史的深处"。20世纪80年代欧风美雨洒江天之际，曹锦清提出"返回国情、返回历史、返回实证"，新时代更应有这样的文化自觉与历史主动。令人欣慰的是，越来越多的新闻院系与新时代新青年，正在自觉自愿纷纷走向或回归人间正道——这才是中国新闻教育自主人才培养的希望。

（在2024年"中国新闻教育自主人才培养——《范敬宜文集》《南振中文集》《李彬文集》出版座谈会"上的书面发言）

新闻编

再谈马克思主义的新闻观与历史观 / 003
    附：马克思早期新闻思想及其时代性
        ——《评普鲁士最近的书报检查令》再解读 / 019
科学性与革命性
    ——读《记者马克思》有感 / 049
建设性新闻之辩 / 055

传播编

学术与政治：传播学哪儿去了 / 075
世道人心——重思现代中国及其传播学 / 081
四十年，五十年，何日是归年 / 099
追忆一次阳光灿烂的学术会议 / 107

历史编

学四史，谈新闻 / 115

从历史虚无到价值虚无 / 121

"小方是谁？"

  ——兼谈当下新闻研究的一些学风问题 / 131

业务编

也谈记者 / 145

学南振中，当好记者 / 153

中原六日新闻行 / 163

丝路八日游学记 / 175

学术编

活的学问与死的学问

  ——中国式现代化及其新闻学 / 193

知行合一新探索

  ——从"第五届河阳论坛暨乡村、文化与传播学术周"说开去 / 201

一位马克思主义新闻教育家 / 207

阅读点燃星火 / 217

后　记 / 227

新闻编

再谈马克思主义的新闻观与历史观*

无论理论，还是实践，新闻观与历史观都息息相关，新闻观是"表"，历史观是"里"，故任何新闻观和历史观都得表里如一而不能表里不一。或者说，新闻观是"毛"，历史观是"皮"，皮之不存，毛将焉附，故没有历史观，新闻观就只剩徒有其表的"皮毛"。20世纪80年代，一代马克思主义新闻学家甘惜分曾在兰州大学新闻系两度开讲"新闻学与历史学"。按照冯友兰的说法，哲学无非"照着讲"与"接着讲"，本文也算对甘惜分之说的"照着讲"与"接着讲"。

一

马克思主义的新闻观与历史观始终表里如一，无不秉持辩证唯物主义与历史唯物主义的立场、观点和方法，即实事求是与人民主体。同样，各种非马克思主义的新闻观与历史观也同样一脉相通，就像新自由主义的历史观及其专业主义的新闻观，总不离唯心论、人性论、精英论的立场、观点和方法。

改革开放初，建立学位制度时，针对新闻学授什么学位问题，甘惜

---

* 本文发表于《出版发行研究》2018年8月刊，收录时有所删改。

分与王中各持一端。甘惜分主张授史学学位，王中主张授法学学位。他们的想法貌似不同，实则如出一辙，都是基于实事求是的思路。授史学学位，是因为历史必须依据事实，没有事实，就没有历史，如同没有事实，就没有新闻。即便历史叙事与新闻报道难免于选择，没有选择就无从谈论历史，也无从述说新闻，但选择的基础与前提必须是事实，就算"后现代""后真相"也得以事实为基础与前提，特别是经济、政治、文化、心理等构成的总体事实，比如以下提问所针对的历史背景："为什么唐太宗再开明也不可能签署中国的《自由宪章》，为什么拿破仑再强霸也不可能成为法兰西的苏丹，为什么老子再睿智也不可能在竹简上创立后现代主义。"[1] 与此相同，王中主张新闻学授法学学位，同样着眼于事实，因为新闻与法律一样，都必须以事实为依据，而不能以其他任何东西如想象为依据。

与形形色色非马克思主义的新闻观与历史观相比，马克思主义的新闻观与历史观有两个突出特征。一是认识层面讲究辩证唯物论而非机械唯物论，如联系的而非割裂的、运动的而非静止的、全面的而非片面的视角。对此，列宁精辟概括道："社会生活现象极其复杂，随时都可以找到任何数量的例子或个别的材料来证实任何一个论点。如果不是从整体上、不是从联系中去掌握事实，如果事实是零碎的和随意挑出来的，那么它们就只能是一种儿戏，或者连儿戏也不如。"[2]

今天看来，20世纪80年代新闻界在拨乱反正之际，为了强调微观真实而拒绝宏观真实，为了突出表象真实而批判本质真实，也可谓陷入另一种形而上学。时下一些东一榔头、西一棒子的新闻报道，以及新媒体更有甚者的一闪一闪亮晶晶，满天都是小星星，虽与市场化、逐利化、娱乐

---

[1] 韩少功."文革学"的三大泡沫［EB/OL］.（2014-09-23）［2014-09-27］. http://www.guancha.cn/HanShaoGong/2014_09_23_269671.shtml.

[2] 列宁. 列宁全集：第28卷［M］.中共中央马克思恩格斯列宁斯大林著作编译局，编译.2版（增订版）.北京：人民出版社，2017：364.

化、低俗化等西潮新潮息息相关，但形而上学的新闻观及其哲学认识论也难辞其咎。离开马克思的新闻学者与学子看问题、想问题，往往也是抓住一点不及其余，只知其一不知其二，更别说其三其四等，同样体现着机械唯物论的简单化与片面化。习近平总书记在2016年新闻舆论工作座谈会上，特别谈到辩证唯物论的新闻观无疑具有针对性："要根据事实来描述事实，既准确报道个别事实，又从宏观上把握和反映事件或事物的全貌。"

马克思主义的新闻观与历史观的第二个突出特征在于，价值层面始终以人民为中心。如前所述，历史与新闻都是选择的学问，没有选择就没有历史，也没有新闻，而任何选择说到底都体现着不同的价值取向。100余年前，梁启超在《新史学》中揭示了两种史学，一是以帝王将相即精英为中心的"君史"，一是以黎民百姓即人民为中心的"民史"，从而也揭示了历史书写的两种价值取向。[①]马克思主义的历史观与新闻观，自然选择人民而非精英作为历史的主体与主人，因而致力于人民当家作主而非精英当家作主的历史实践与社会愿景，包括"全党办报，群众办报"、"新闻工作就是群众工作"（习仲勋），以及毛泽东为《大公报》的题词"为人民服务"。

需要强调的是，马克思的奋斗，共产主义的理想，人民当家作主的实践与愿景，并非单纯源于想象中的美好愿望，如同古今中西各方圣贤一直向往的、描绘的、召唤的桃花源、理想国，而是以科学坚实的唯物史观为依据并磅礴于全球的伟大斗争、伟大事业、伟大工程、伟大梦想。2018年是马克思诞辰两百周年，以人民为中心的思想理论与历史实践已从涓涓细流，蔚为长江大河，波澜壮阔。这里结合现实简单谈一个问题，即数十年来不断边缘化、简单化、标签化，乃至妖魔化的阶级论。习近平总书记在哲学社会科学工作座谈会上的讲话，谈到现实问题时说道，马克思主义在一些学科中"失语"、教材中"失踪"、论坛上"失声"。而弃置阶级论，当数马克思主义"失语""失踪""失声"的一个表征。赵月枝教授的经历

---

① 梁启超.新史学［M］.北京：商务印书馆，2014：85-91.

就是一例:"在我熟悉的西方批判学术界,诸如'意识形态斗争''资本主义''阶级'这些词,现在都还常见。但是在国内的语境下,这些词汇却变得特别刺眼。比如我的一篇文章在某大学新闻学院一个学术刊物上发表的过程中,审稿的编辑一定要我把'资本主义'改成'市场经济','阶级'改成'阶层'。"①

二

什么是阶级与阶级论?列宁曾有一个经典的定义:"所谓阶级,就是这样一些集团,这些集团在历史上一定社会生产体系中所处的地位不同,对生产资料的关系(这种关系大部分是在法律上明文规定了的)不同,在社会劳动组织中所起的作用不同,因而领得自己所支配的那份社会财富的方式和多寡也不同。所谓阶级,就是这样一些集团,由于它们在一定社会经济结构中所处的地位不同,其中一个集团能够占有另一个集团的劳动。"② 比如,白鹿原上的乡绅白嘉轩与长工鹿三就属于这个意义上的不同阶级,他们在帝制时代与宗法社会的经济结构中所处的地位不同,因而支配社会财富的方式和多寡也不同。小小白鹿原,事虽虚构,理则实存,堪称毛泽东《中国社会各阶级的分析》的一个样本与缩影。③

---

① 赵月枝.被劫持的"新闻自由"与文化领导权[J].经济导刊,2014(7):45-50.
② 中共中央马克思恩格斯列宁斯大林著作编译局.列宁专题文集:论社会主义[M].北京:人民出版社,2009:145.
③ 王奇生认为,中国共产党阶级论的基本思想虽然源于马列关于阶级和阶级斗争的学说,但在革命过程中又有所调整与修正,大体具有如下特征:一是依贫富划分阶级,以阶级划分敌友。二是强调阶级之间的对抗与斗争,反对阶级之间的妥协调和。三是将革命视同为阶级斗争,以革命伦理、革命立场评断各阶级的政治属性。四是阶级概念的衍生,由阶级本体扩大到"阶级性""阶级化""阶级意识""阶级代表",而这些"阶级性"、"阶级化"、"阶级意识"与"阶级代表"经常脱离阶级本体而存在,甚至与阶级本体相错位。五是阶级概念的泛化,将一切不平等视为阶级的不平等,将一切斗争视为阶级(接下页)

关于阶级问题，除了列宁所论的社会经济关系及其本质，还包括马恩《德意志意识形态》等经典理论，以及葛兰西的文化领导权、布尔迪厄的阶级趣味、福柯的话语政治等学术思想所揭示的精神状况。程巍的博士论文《中产阶级的孩子们》（2006），就以马克思的阶级分析、黑格尔的历史哲学和葛兰西的文化领导权理论，对欧美资产阶级取得政治经济主导权之后，又如何在精神文化上战胜贵族阶级、工人阶级，最终夺取文化领导权，作出堪称典范的分析与阐述。这方面情形犹如大观园的文人雅集对刘姥姥的村妇野语，而《红楼梦》被毛泽东视为"一部形象的阶级斗争史"。1973年5月25日在政治局会议上，他还谈道："读《红楼梦》，不读五遍，根本不要发言。因为你不能把它的阶级关系弄清楚。"[①]至于毛泽东读过近百遍并影响邓小平一生的唯一经典《共产党宣言》，开篇更是一句先声夺人的名言："至今一切社会的历史都是阶级斗争的历史。"[②]毛泽东1949年为新华社撰写评论《丢掉幻想，准备斗争》，曾进一步阐发："阶级斗争，一些阶级胜利了，一些阶级消灭了。这就是历史，这就是几千年的文明史。拿这个观点解释历史的就叫作历史的唯物主义，站在这个观点的反面的是历史的唯心主义。"其实，阶级论并非共产党的专利，亦非马克思的发明，而是近代资产阶级学者的贡献，马克思1852年致约瑟夫·魏德迈的信广为人知：

> 至于讲到我，无论是发现现代社会中有阶级存在或发现各阶级间的斗争，都不是我的功劳。在我以前很久，资产阶级历史编纂学家就已经叙述过阶级斗争的历史发展，资产阶级经济学家也已经对各

斗争。参见：王奇生.从"泛阶级化"到"去阶级化"：阶级话语在中国的兴衰[J].苏区研究，2017（4）：31-40.

① 转引自：陈晋.毛泽东是怎样把《红楼梦》当作历史读的[J].党的文献，2013（6）：118-121.
② 中共中央马克思恩格斯列宁斯大林著作编译局.马克思恩格斯文集：第2卷[M].北京：人民出版社，2009：31.

个阶级作过经济上的分析。我所加上的新内容就是证明了下列几点：（1）阶级的存在仅仅同生产发展的一定历史阶段相联系；（2）阶级斗争必然导致无产阶级专政；（3）这个专政不过是达到消灭一切阶级和进入无阶级社会的过渡……①

弃置或悬置马克思主义的阶级论，则不仅人民、人民主体、人民当家作主等难免成为空洞无物的虚言浮词，工人阶级、工农联盟、无产阶级专政等也如没有所指的能指，而且无论汹涌一两百年的国际共产主义运动，包括庄严场合必唱必奏的《国际歌》——英特纳雄耐尔一定要实现，还是伟大的中国革命及其价值理想，从毛泽东撰写、周恩来手书的人民英雄纪念碑碑文，到习近平总书记阐发的"两个一百年""三大飞跃""两大革命"等，都同样变得恍兮惚兮、莫名其妙。因为，没有阶级，何来消灭一切阶级？不讲阶级论，鸦片战争以来的苦难辉煌革命史以及新闻史也无所谓"革命化范式"，包括"反帝反封建"的主线主题，而只能归之为全盘西化的"现代化范式"——这正是当今"虚无主义""普世价值"波涌浪翻的思想源头。②

需要强调的是，改革开放确立以经济建设为中心而否定以阶级斗争为纲，并不意味着否定马克思主义的阶级分析法和阶级斗争论。事实上，无论邓小平 1979 年提出的四项基本原则，还是习近平总书记 2016 年提出的

---

① 中共中央马克思恩格斯列宁斯大林著作编译局.马克思恩格斯文集：第 10 卷[M].北京：人民出版社，2009：106.

② 在《从"泛阶级化"到"去阶级化"：阶级话语在中国的兴衰》一文中，王奇生指出：

　　近 20 年来，中国学界日益呈现"去阶级化"的趋势。对革命年代阶级与阶级斗争话语泛化、滥化的反思与反弹，经过 20 年左右的过渡，多数学者几乎完全抛弃了阶级概念与阶级分析方法，呈现"去阶级化"的趋势。官方意识形态亦以和谐社会理论取代了阶级斗争学说。在此过程中，与中国史学界对"革命史范式"的告别潮流相一致，取而代之的"现代化范式"在很大程度上解构了阶级理论。

"初心"，无不蕴含着社会主义超越资本主义的阶级政治与政治理想。"文化大革命"结束后，由邓小平一手主持的中共中央《关于建国以来党的若干历史问题的决议》，在中国共产党成立六十周年前夕正式发布，其中写道："社会主义不但要消灭一切剥削制度和剥削阶级，而且要大大发展社会生产力，完善和发展社会主义的生产关系和上层建筑，并在这个基础上逐步消灭一切阶级差别，逐步消灭一切主要由于社会生产力发展不足而造成的重大社会差别和社会不平等，直到共产主义的实现。"[①]1992年，邓小平在南方讲话中也谈道：

> 依靠无产阶级专政保卫社会主义制度，这是马克思主义的一个基本观点。马克思说过，阶级斗争学说不是他的发明，真正的发明是关于无产阶级专政的理论。历史经验证明，刚刚掌握政权的新兴阶级，一般说来，总是弱于敌对阶级的力量，因此，要用专政的手段来巩固政权。对人民实行民主，对敌人实行专政，这就是人民民主专政。运用人民民主专政的力量，巩固人民的政权，是正义的事情，没有什么输理的地方。[②]

1978年3月18日在全国科学大会开幕式上，刚刚复出工作的邓小平代表党中央第一次明确宣布知识分子是工人阶级的一部分："在社会主义历史时期中，只要还存在着阶级矛盾和阶级斗争，知识分子就需要注意解决是否坚持工人阶级立场的问题。但总的说来，他们的绝大多数已经是工人阶级和劳动人民自己的知识分子，因此也可以说，已经是工人阶级自己的一部分。"[③]这个著名论断依然具有突出的现实意义，因为人们可以据此

---

① 中共中央文献研究室.三中全会以来重要文献选编：下[M].北京：人民出版社，1982：845.

② 邓小平.邓小平文选：第3卷[M].北京：人民出版社，1993：379.

③ 邓小平.邓小平文选：第2卷[M].北京：人民出版社，1994：89.

判断知识分子有多少属于工人阶级的一部分，有多少已经远离或背离工人阶级，青年知识分子又有多少属于毛泽东、邓小平等领导人念兹在兹的"为人民服务、为社会主义服务"的建设者、接班人，有多少属于其他阶级的后备军、接班人。

其实，即使作为一种学术理论与方法，阶级论也因其深刻与独到而一向独树一帜，并受到不同学科与学者的青睐，王奇生就指出："在西方学界，除了马克思主义阶级分析之外，还有其他的阶级分析理论，如韦伯主义、涂尔干主义、托克维尔主义以及布迪厄的阶级分析等""无论当下还是未来，阶级研究与阶级分析方法仍具有重要的学术价值与学术意义，不能因为阶级与阶级斗争问题在中国一度有过混乱与荒谬而影响今天对阶级进行严谨的学理探讨"。①

当然，如今对阶级、阶级斗争及其历史可以有也应有与时俱进的理解，除了敌对阶级你死我活的搏杀，更涉及不同阶级在日常生活领域的博弈，如教育、传播。赵月枝在2014年谈道："当下，媒体表达权在不同社会群体中的实际分配非常不平等，不同社会个体的表达能力也极不平衡；媒体机构本身已被商业化，并在此过程中催生了既得利益群体，而新的资本拥有阶层也已形成。在这样的社会政治经济背景下，我们有必要对非党政机关的权力保持警觉，包括资本拥有者和媒体管理者的权力。"②党的十九大明确我国社会的主要矛盾是人民日益增长的美好生活需要和不平衡不充分的发展之间的矛盾，同时也指出，由于国内的因素和国际的影响，阶级斗争还在一定范围内长期存在，在某种条件下还有可能激化。党的十九大闭幕不久，韩少功在一篇《"阶级"长成了啥模样？》的文章中，针对当代世界错综复杂的阶级问题作了细致分析，于此可见一斑：

---

① 王奇生.从"泛阶级化"到"去阶级化"：阶级话语在中国的兴衰［J］.苏区研究，2017（4）：31-40.
② 赵月枝.被劫持的"新闻自由"与文化领导权［J］.经济导刊，2014（7）：45-50.

把一些胼手胝足带领乡亲们致富的企业家看成"资"方,倒把一些炒房获利千万的单干户看成"劳"方,这样说有哪里感觉不对吗?

当然,取消"阶级"说的修正主义同样可能把大家搞崩溃。因为事实同样摆在面前:马克思说的贫富不是一个假问题——尽管贫富关系已不一定完全对应劳资关系;马克思说的剥削也不是一个假问题——尽管剥削正发生在实业经济和虚拟经济等不同层面;马克思说的"阶级斗争"更不是一个假问题——尽管斗争双方可能戴上了种族、宗教、文化等面具,或与种族、宗教、文化等矛盾相交集。

眼下"阶级"不是消失了,只是变化了,成了一种流动的定位,多面的形体,犬牙交错的局面。若从剥削这一点看,其实不难看出一种新的剥削方式正异军突起,正蔚为大势,通常在经济"脱实向虚"的临界线周围滑动,以双虚(虚拟/虚高)财富为大杀器,力推金融财富、智能财富、身份财富、贷租财富的恶变,正在实现对民众最疯狂、最凶险、最快捷、最全面、最大规模的洗劫。亚洲 1997 年金融危机,整个西方 2008 年以来的经济连环地震……不过是最早的几个血腥屠场。俄罗斯的"休克"崩溃也与之部分有关。那些厌劳动、不劳动、反劳动、灭劳动的洗劫者,玩的就是以虚博实,以懒搏勤,以伪搏真,力图用大大小小的"庞氏骗局"乱中取胜轻取天下。他们庶几乎已形成一个投机自肥阶级,或叫"快钱"阶级,或叫"快钱"资产阶级——其危害远超其他剥削者。

这难道不是一种阶级斗争?在这里,几乎用不着道德评价出场——前者的掠夺性、寄生性、反社会性、还有隐秘的腐蚀性,已不难辨别。[①]

---

① 韩少功."阶级"长成了啥模样?[J].文化纵横,2017(6):54-65.

三

现代中国，与马克思主义及其阶级论相对的，除了钱穆等文化保守主义，首当其冲的当数自由主义及其抽象人性论。在当下新闻业与新闻学的具体表现，则是马克思主义新闻观与专业主义新闻观的分庭抗礼。毋庸讳言，由于党的十八大之前数十年来"一手硬，一手软"问题愈演愈烈，新闻学及其学科体系、学术体系、话语体系中，马克思主义基本上有名无实，而自由主义新闻观即所谓专业主义则日入日深。不用看林林总总的学术期刊、专著教材、文章演讲，仅看一份高校学生报纸上的新闻论即学界流行语，就不难体味一者徒有其表而一者入脑入心，如："一个好记者应当是旁观者，而不是某一利益集团的宣传员，或政治、经济冲突的参与者或鼓动者，他们应当不带有感情色彩去观察这个世界的瞬息变化，并将其冷静、客观地记录下来。"学生难免人云亦云，而其他则未必尽然，甘惜分就毫不含糊地指出：

> 新闻与政治是分离不了的，新闻与政治紧密相连，虽然不能说报纸上每一角落都与政治有关（例如有些娱乐性的版面、关于自然界的版面以及广告之类），但就一张报纸的整体来说，很难说与政治无关。问题是什么样的政治，是资产阶级的政治，还是马克思主义的政治；是先进的政治，还是保守落后的政治，报纸总是与某一政治立场相联系。不为这种政治服务就为另一种政治服务。……如果他们说自己只是编辑，不懂政治，那他们不是装蒜，就是傻瓜。[①]

如果说马克思主义新闻观的认识论基础是阶级论，那么自由主义新

---

① 甘惜分.一个新闻学者的自白[M].香港：未名出版社，2005：21.

闻观的认识论基础就是抽象人性论。阶级论以唯物论为前提，人性论以唯心论为基石。道理不难理解，因为只要秉持阶级论，人们就不得不面对活生生的现实世界，如经济条件、社会地位、权力关系等人生在世的实际状况。而只要一谈抽象人性，思路就势必陷入空泛的、玄想的、横看成岭侧成峰的脑海图景，人性这样，人性那样，"来的都是客，全凭嘴一张"，从而不是忽略就是遮蔽人性及其存在的现实基础。这里，人性好比风筝，观者一般只顾仰望自由翱翔、上下翻飞、五彩斑斓的风筝——人性，而往往看不见地面上扯着风筝的细线——人性的现实基础。离开现实基础谈人性，就像断了线的风筝，浮云柳絮无根蒂，天地阔远随飞扬。

所谓人性，追根溯源无非是人的现实存在及其社会关系的折射与体现，即马克思概括的"一切社会关系的总和"。以人性自私及其说辞为例，深究起来不过是私有制占主导地位的社会形态在观念形态中的反映，或曰观念形态的拜物教源于现实形态的私有制。与之相对，无论在财产共有、财富共享的各种原始共产主义社会形态中，还是《共产党宣言》揭示的，代替那存在着阶级和阶级压迫的资产阶级旧社会的命运共同体中，在每个人的自由发展是一切人自由发展的社会条件下，自私的观念、唯利是图的意识自然没有存身之地。正因如此，在《1844年经济学哲学手稿》里，马克思就明确写道："私有制使我们变得如此愚蠢而片面，以至一个对象，只有当它为我们所拥有的时候，就是说，当它对我们来说作为资本而存在，或者它被我们直接占有，被我们吃、喝、穿、住等等的时候，简言之，在它被我们使用的时候，才是我们的。"[1]

当然，马克思主义阶级论并不否定人性，更不否定美好人性，恰恰相反，马克思主义以及共产主义的宗旨不仅在于人类的解放，而且也在于或更在于人的解放以及人性的解放，既摆脱古代社会人对人的依赖关系，又摆脱现代社会人对物的依赖关系，实现人的自由而全面的发展，即马克思

---

[1] 中共中央马克思恩格斯列宁斯大林著作编译局.马克思恩格斯文集：第1卷[M].北京：人民出版社，2009：189.

在《给燕妮》一诗中抒发的理想："让整个诗的世界在人类历史上出现！"钱学森晚年也说道："马克思恩格斯提出的人类共产主义文明更高阶段的理想，是真善美的统一，是真正合乎人性的，是真正人道主义的，它确实是人类社会文明的理想境界。"[①]唯物史观阶级论否定的仅仅是脱离人的社会性包括阶级性的抽象人性，所谓"爱你所爱、行你所行、听从你心、无问西东"云云。举例来说，爱美之心，人皆有之，显然是放之四海而皆准的"人性"吧。但美的答案不是唯心的、任性的、随心所欲的，而是无所不在地根植于千姿百态的现实世界土壤。换句话说，人性对美的普遍向往归根结底离不开历史、文化与生活的具体情景，如同那个耳熟能详的例子：唐人以丰腴为美，今人以消瘦为美。

四

弃置唯物史观阶级论，畅叙唯心史观人性论，就无法在理论上心悦诚服地认同并在实践上正心诚意地践行马克思主义新闻观。

以新闻自由为例，按照唯物史观阶级论，本来并不难说清道明。自由包括新闻自由首先得面对展现于具体社会历史条件下的实际情形与现实状况，核心关切由此聚焦于谁的自由、如何自由、体现哪个阶级意志的自由等[②]，特别是《共产党宣言》所言现代社会两大阶级的自由：资产者的自由与无产者的自由，或曰精英的自由与人民的自由。对此，列宁在《关于"出版自由"》一文中也指出，笼统的出版自由包括新闻自由犹如"闪烁不定"的鬼火，我们首先需要弄清楚的是哪一个阶级的出版自由。在他看来，作为历史性产物，"出版自由"一方面反映了从中世纪末到19世纪资

[①] 钱学森，孙凯飞，于景元.社会主义文明的协调发展需要社会主义政治文明建设[J].政治学研究，1989（5）：1-10.
[②] 针对计算机通信网络，1978年赫伯特·席勒就提出一个基本问题："谁的自由，为何自由。"转引自：席勒.信息资本主义的兴起与扩张：网络与尼克松时代[M].翟秀凤，译.王维佳，校译.北京：北京大学出版社，2018：106.

产阶级的进步性，即资产阶级反对僧侣、国王、封建主和地主的斗争，另一方面又在20世纪的世界成为资本家收买报纸、收买作家的自由（21世纪更成为收买电台、电视台、新媒体、电影院、广告公关公司、演艺产业等自由），即买通和炮制"舆论"以有助于资产阶级的自由。由于当今世界资产阶级实力强大，资本操控的媒体也是富可敌国，如苹果、脸书、谷歌等，如果只是笼统谈论新闻自由，那么实际上就在助力资产阶级营造更有利于本阶级的舆论与舆论空间。所以，列宁明确说，不讲阶级性的出版自由包括新闻自由是不合乎党性的，是反无产阶级的。①

这里的核心问题是，如同经济基础与经济关系在一切社会生活中的决定性作用，媒介所有权及其延伸的实在问题而非漂亮言说更是新闻自由的关键。正因如此，赵月枝才说：

> 中国共产党本来是有一套新闻自由理论的，就是基于马克思主义阶级理论的新闻自由观。这个理论认为，新闻自由是有阶级性的。回顾历史，中华人民共和国的立国过程包括了共产党领导的中国革命以"人民"的名义剥夺"资产阶级新闻自由"的过程；包括了在宪法序言中所言的"工人阶级领导的、以工农联盟为基础的人民民主专政，实质上即无产阶级专政"的基础上，建立起"无产阶级新闻自由"的过程。在这一语境中，"无产阶级新闻自由"首先被定义为，新闻机构摆脱国内外私人资本控制的自由。②

---

① 中共中央马克思恩格斯列宁斯大林著作编译局.列宁专题文集：论无产阶级政党[M].北京：人民出版社，2009：310-316.苏联时代记者阿列克谢耶维奇在将近百年之后的新作《二手时间》中，通过一些访谈对象表达了类似的切肤之痛："金钱已经成为自由的同义词，令所有人亢奋激动。""自由就是金钱，金钱就是自由。自由的人民没有出现，却出现了这些千万富翁和十亿富翁，黑帮！"

② 赵月枝.被劫持的"新闻自由"与文化领导权[J].经济导刊，2014（7）：45-50.

不面对、不解决媒介所有权以及文化领导权问题，只是高谈生而平等、不可剥夺的神圣权利，放言人民当家作主以及人人都有麦克风、人人都是记者等大话空话，那么，不要说人民大众的知情权、表达权、话语权无法真正落实，就是貌似公允的公共领域公共性，也难免属于可见不可及的海市蜃楼。

而唯心论与人性论恰恰将自由包括新闻自由归入人的天性、人的本性等空幻想当然的范畴，由此俨然形成貌似普遍的、唯一的、放之四海而皆准、人人平等而享有的东西，从而回避或遮蔽现实中的新闻自由无不与社会经济状况，以及与之相关的政治文化关系密不可分，也就是说回避或遮蔽新闻自由的社会性、历史性与阶级性："这些自由主义者认为，把自由从现实的坚实土地上移到幻想的太空就是尊重自由。"① 这种基于人性、耽于玄想的新闻自由观，正如马克思对资产阶级国民经济学即当今主流经济学的批判，把应当说明的东西如"经济人""理性人"，假定为一种具有历史形式的事实："当他想说明什么的时候，总是置身于一种虚构的原始状态。这样的原始状态什么问题也说明不了。国民经济学家只是使问题堕入五里雾中。他把应当加以推论的东西即两个事物之间的例如分工和交换之间的必然关系，假定为事实、事件。"②

进而言之，弃置唯物史观阶级论，畅叙唯心史观人性论，不仅落入爱丽丝梦游仙境的奇思妙想，扭曲现实中的真问题、大问题，而且实际上往往沦为古往今来精英阶级的帮凶或帮闲。当今各色唯心论、人性论及其新闻观，也并非真不关涉阶级与阶级问题，实际上，在听上去只谈风月不谈风云的"去政治化"话语中，在看起来逻辑自洽的一套又一套的理论推演中，深究下来都不难透视精英当家作主的阶级意识。换言之，唯心论、人性论、精英论血脉相连、水乳交融，说到底不过是另一种阶级论，正如电影《色·戒》所演绎的。《北京青年报》记者所思就敏锐地揭示了此路作

---

① 马克思恩格斯全集：第1卷［M］.北京：人民出版社，1956：84.
② 马克思恩格斯全集：第1卷［M］.北京：人民出版社，1956：156.

品所隐含的政治意识与阶级立场：

从思想层面来讲，《色·戒》巧妙地呼应了当前中国由来已久的主流话语——用个体生命消解宏大叙事，并视之为人的解放。这股思想潮流，本质上就是"不讲政治"，不讲性政治也不讲时代政治，消解历史意识，高扬人性旗帜，认为人性具有先天的超越性，而政治必定局限于一时一地，而且是暴力的、反人性的。

这种"不讲政治的政治"，主打的正是"人性"这张牌，它的具体表现方式往往是"情感"，并附加审美包装。

所谓"人性"，不过是另一种形式的政治和历史批判。在当代中国的文化语境中，它往往指向二十世纪乃至近代以来的革命史，通过批判革命的暴力，表达个体的悲剧，来否认革命这个所谓"宏大叙事"的合法性，并为今日形形色色的利益阶层铺路。[①]

为形形色色的利益阶层铺路，说白了就是一种阶级政治。与《色·戒》相隔13年的影片《无问西东》，也同样赤裸裸展现了这样一路阶级政治，其中民国精英、富家子弟、五代三将以及被中国革命推翻的"三座大山"，特别是"美蒋集团"得到浓墨重彩的渲染，而人民大众的身影以及人民当家作主的百年风云或被虚化，或被丑化，体现了何等鲜明的阶级意识与政治价值。中国人民大学电影学者孙柏针对《无问西东》专门撰文批驳道："'三代五将'之沈崇诲（沈光耀的原型）的撞舰神话再次得到大书特书，而曾经就读清华大学政治系的共产党员、巴彦抗日游击队总指挥张甲洲却仍然寂寂无闻；1935年'一二·九'学生运动是民国时期清华大学历史上最浓墨重彩的一笔，但只有开除了学生运动领袖蒋南翔的校长梅贻琦才有资格代表清华大学的'真实'。"[②] 问题的严重性还在于，面对

---

① 所思.只谈风月，不谈风云？[J].读书，2008（4）：52-56.
② 孙柏.《无问西东》的青春叙事和历史书写[J].电影艺术，2018（2）：53-56.

从《色·戒》到《无问西东》一路的文化政治与阶级政治，一些主流媒体要么跟着鼓噪，要么保持沉默，要么争做"帮闲"，要么扮演"绅士"。①

2018年，华东师范大学政治学教授田雷在为美国政治学家、哈佛大学教授帕特南的新作《我们的孩子》撰写的书评中写道："当我们的主流社会科学仍视'阶级'分析法为洪水猛兽，避之唯恐不及时，美国最杰出的社会科学家却在研究中身体力行地将'阶级'带回来。"②帕特南的《我们的孩子》，正是阶级论的力作。假如正心诚意而非花拳绣腿奉行马克思主义及其新闻观与历史观，假如面对非马克思主义及其新闻观与历史观敢于开展伟大斗争而非虚应故事，那么更得坚持唯物史观阶级论，同时拒绝唯心史观人性论。否则，你方唱罢我登场而尽是"花腔"，无数铃声遥过碛而多是"皮毛"——"把原则的斗争变为无力量的原则与无原则的力量间的斗争"③。

---

① 2008年改革开放30年之际，新华社记者熊蕾就曾撰文指出：近30年中国媒体新闻价值观的变迁，历史观的改变是不能忽视的一个方面，这种改变是全方位的，渗透到很多新闻人的潜意识中。比如，把中华人民共和国的历史人为割断，用1978年后近30年的历史否定以前的30年，似乎前30年一无是处，共和国的历史，似乎也是从1978年以后开始的，之前的中国只有封闭，好像是中国自己在"闭关锁国"，完全不顾美国主导的巴黎统筹委员会对新中国封锁禁运的历史……（《报，还是不报？——近30年中国媒体新闻价值观的变迁》）
② 田雷.再见美国梦，警惕美国病：读帕特南《我们的孩子》[J].中央社会主义学院学报，2018（3）：83-88.
③ 马克思恩格斯全集：第1卷[M].北京：人民出版社，1956：68.

附：马克思早期新闻思想及其时代性

——《评普鲁士最近的书报检查令》再解读*

一、问题缘起

列宁曾经指出："马克思主义在理论上的胜利，逼得它的敌人装扮成马克思主义者，历史的辩证法就是如此。"[①]一个世纪来的历史不断印证着列宁的论断。当今之世，除了信仰者与反对者，对待马克思主义还有一种倾向，不妨称之为"以'马'反马"——这个"马"就属于一种"装扮成"的马克思主义。比如，常见的一种套路是把马克思主义改头换面装扮成"人道主义""自由主义"，言必称《1844年经济学哲学手稿》《评普鲁士最近的书报检查令》等[②]，而无视马克思首先是全世界被欺凌与被侮辱者

---

* 本文源于李彬指导徐梦涵完成的硕士学位论文，发表时又经过李彬全面修订与补充完善，首发于《国际新闻界》2020年第9期。

① 中共中央马克思恩格斯列宁斯大林著作编译局. 列宁专题文集. 论马克思主义[M]. 北京：人民出版社，2009：63.

② 与此同时，往往绝口不提《共产党宣言》的核心思想，包括迄今为止的一切历史都是阶级斗争史；共产党人可以把自己的主张概括为一句话——消灭私有制；代替那存在着阶级和阶级对立的资产阶级旧社会的，将是这样一个联合体，在那里，每个人的自由发展是一切人的自由发展的条件；等等。

的革命导师，马克思主义也是人类追求自由解放与天下大同的科学指南，即恩格斯在《在马克思墓前的讲话》中说的："马克思首先是一个革命家。他毕生的真正使命，就是以这种或那种方式参加推翻资本主义社会及其所建立的国家设施的事业，参加现代无产阶级的解放事业，正是他第一次使现代无产阶级意识到自身的地位和需要，意识到自身解放的条件。斗争是他的生命要素……正因为这样，所以马克思是当代最遭嫉恨和最受污蔑的人。"[1]

按照以赛亚·柏林（Isaiah Berlin）的说法，"自由"的定义尽管有200多种，却依然是"意义漏洞百出以至于没有任何解释能够站得住脚的词"[2]。"新闻自由"（freedom of the press）何尝不然。就一般历史而言，所谓新闻自由是伴随近代新闻业的发展而出现的，而新闻业则是伴随资本主义商品经济而兴起的。由于生产力与生产方式的变革，社会经济结构及其权力关系自然日渐改变，新兴资产阶级随之通过新闻出版业宣扬自己的主张，而封建统治阶级不断进行压制，由此导致的一个直接冲突就是书报检查制度。从约翰·弥尔顿（John Milton）1644年反对书报检查制度的《论出版自由》开始，西方的新闻自由便处于"天赋人权""人生而自由"等古典自由主义的脉络之中，大抵聚焦于一种永恒的、理想的新闻自由及其分配方式，如政府与个人或政府与媒体的"分配矛盾"。[3] 也因此，这一概念诞生伊始，不仅具有鲜明的政治意味，而且始终具有明确的利益诉求。事实上，从西方到东方，从历史到现实，新闻自由从来不是一个单纯的理

---

[1] 中共中央马克思恩格斯列宁斯大林著作编译局. 马克思恩格斯选集：第3卷［M］. 北京：人民出版社，2012：1003.
[2] 伯林. 自由论［M］. 胡传胜，译. 南京：译林出版社，2003：189. 柏林也译作伯林。
[3] 自由主义对"自由"的哲学思想作出了巨大贡献，但只是局限于提供特定物质和生产条件下自由的一种分配方式。由于每个社会、每个时代的生产力和生产方式不同，其自由总量自然也不尽相同，选择的自由分配方式也必然不同。自由主义希望把一种特定历史条件下的自由分配方式变成普世标准，不仅不符合历史与现实，而且往往造成诸多问题。另外，仅仅只看到自由的分配，而无视自由的生产，目光便会局限于当下而无视发展。

论问题，否则何至于"头颅掷处血斑斑"。

马克思恩格斯及其唯物史观由于关注制约社会历史的政经结构与权力关系，因而核心关切也就在于谁的新闻自由、怎样的新闻自由、如何实现新闻自由等实质性问题。按照唯物史观，新闻自由的社会前提是阶级对立，没有阶级对立的社会不存在人对人的压迫，自由的概念自然无从谈起。恰似地球上有供人呼吸的充足空气，自然没有谁试图剥夺他人的呼吸，因此也就无所谓"呼吸自由"问题。在一个剥削、压迫、欺凌、歧视、巧取豪夺、穷兵黩武等无所不在的现实世界上，空泛谈论新闻自由无异于马克思《资本论》那段精辟而生动的文字所描绘的情境：

> 劳动力的买和卖是在流通领域或商品交换领域的界限以内进行的，这个领域确实是天赋人权的真正伊甸园。那里占统治地位的只是自由、平等、所有权和边沁。自由！因为商品例如劳动力的买者和卖者，只取决于自己的自由意志。他们是作为自由的、在法律上平等的人缔结契约的。契约是他们的意志借以得到共同的法律表现的最后结果。……一离开这个简单流通领域或商品交换领域，——庸俗的自由贸易论者用来判断资本和雇佣劳动的社会的那些观点、概念和标准就是从这个领域得出的，——就会看到，我们的剧中人的面貌已经起了某些变化。原来的货币所有者成了资本家，昂首前行；劳动力所有者成了他的工人，尾随于后。一个笑容满面，雄心勃勃；一个战战兢兢，畏缩不前，像在市场上出卖了自己的皮一样，只有一个前途——让人家来鞣。①

同样，在刀与剑、血与火、名与利等真实历史情景中，在资本逻辑强力主导的现实政治经济格局下，空泛讨论自由与新闻自由，结果往往也

---

① 中共中央马克思恩格斯列宁斯大林著作编译局. 马克思恩格斯文集：第5卷［M］. 北京：人民出版社，2009：204-205.

如列宁所言，成为"收买报纸、收买作家的自由，买通、收买和炮制'舆论'帮助资产阶级的自由"①。所以，列宁认为，新闻自由首先必须"摆脱警察的压迫、资本、名位主义和资产阶级无政府主义的个人主义"②。毛泽东依据马列主义基本原理并结合中国实际，提出对人民内部应当允许"批评的自由、发表不同意见的自由"，对人民外部即各种敌对势力则必须实行人民民主专政，"我们的制度就是不许反革命分子有言论自由，而只许人民内部有这种自由"③。总之，马克思主义新闻观着眼于新闻自由的现实性、代表性与实践性，同弥尔顿一脉资产阶级新闻自由观具有本质区别。④

20世纪80年代以降，在"一手硬，一手软"的大环境下，随着自由主义思潮卷土重来而马克思主义一步步"边缘化、空泛化、标签化"，新闻学界对新闻自由的认识也日渐呈现一种去政治化与去历史化之势。有关著述自觉或不自觉地从抽象思辨角度讨论问题，剥离新闻自由的政治属性与历史语境，一步步将其演绎为一种普世的、内涵同一的、"看上去很美"的东西，实即西方资本主义传统下的一套"现代化""现代性""现代文明"话语。为此，新闻传播学理论越来越青睐西方启蒙思想家的古典思想，仿佛争取新闻自由成为西方资产阶级以及列强的专属光环，并随着西方霸权的全球扩张而达到弗朗西斯·福山（Francis Fukuyama）所云"历史的终结"，同时越来越忽略马克思主义思想体系以及全世界被压迫人民和民族争取新闻自由的伟大斗争与理论贡献，让人不由得想起列宁笔下活

---

① 中共中央马克思恩格斯列宁斯大林著作编译局.列宁全集：第12卷［M］.北京：人民出版社，1987：85.
② 中共中央马克思恩格斯列宁斯大林著作编译局.列宁全集：第12卷［M］.北京：人民出版社，1987：94.
③ 毛泽东选集：第5卷［M］.北京：人民出版社，1977：157-159.
④ 社会生产方式、生产力的发展从根本上决定了一个社会的新闻自由总量。但人们更愿意讨论新闻自由的分配问题而非生产问题。从1644年约翰·弥尔顿提出"freedom of the press"，在这一源流下对新闻自由的论述基本局限于社会关系即新闻自由分配的范畴，如新兴资产阶级所主导的新闻媒体与封建专制统治或就新闻自由分配而产生的矛盾，而绝少涉及新闻自由的生产问题。

> 附：马克思早期新闻思想及其时代性

灵活现的卡尔·考茨基（Karl Kautsky）：

> 像个一味背诵历史教科书而变得干巴巴的中学教员那样，硬是背朝着二十世纪，面向着十八世纪，在许多章节中千百次枯燥无味地反复咀嚼着关于资产阶级民主同君主专制、同中世纪制度的关系的滥调……只谈一般民主，而不谈资产阶级民主，甚至避开这个确切的阶级的概念，拼命讲"社会主义以前的"民主……这些空话资产阶级是很愿意听的，因为这些空话等于是粉饰资产阶级民主，抹杀无产阶级革命的问题。①

这一"去政治化"和"去历史化"的习见思路，在于将新闻自由从一种体现鲜明政治意味的"阶级自由"转化为仿佛放之四海而皆准的所谓"社会自由"，而其依据要么是一纸宪法的"公民自由"，要么是一纸国际公约的"人人自由"。由于媒介技术生态的巨大变革，更有人觉得新媒体弥补了资产阶级新闻自由作为一种"形式自由"的缺陷。此类论断张扬宪法的"公民自由"时，却忽视或无视"工人阶级领导的、以工农联盟为基础的人民民主专政"这一体现鲜明政治代表性的国体。以国际公约为依据时，却忽视或无视各种国际公约在历史上和现实中的霸权关系。想象新媒体技术的解放功能时，却忽视或无视诸如发达国家在新媒体和传播领域的决定性优势。总之，既忽视或无视新闻自由的政治性与阶级性、社会性与历史性，更忽视或无视人民民主的基本原则以及自由内涵，也就是恩格斯所说的："无产阶级之所以需要国家，并不是为了自由，而是为了镇压自己的敌人，一到有可能谈自由的时候，国家就不存在了。"②

---

① 中共中央马克思恩格斯列宁斯大林著作编译局.列宁选集：第3卷［M］.北京：人民出版社，1972：619.
② 中共中央马克思恩格斯列宁斯大林著作编译局.马克思恩格斯选集：第3卷［M］.北京：人民出版社，1972：30.

这方面的一个突出问题，便聚焦于马克思的《评普鲁士最近的书报检查令》（以下简称《评检查令》）及其新闻思想。作为马克思的第一篇政论文，《评检查令》对新闻自由的论述、对德国封建专制政府"虚伪自由"的批判，无疑具有进步性和启发性。同时，由于论述的抽象性与思辨性，加之当代思潮混乱驳杂，这篇雄文又往往被置于一种"历史悬空"状态，从而淡化了马克思所处的历史环境，虚化了马克思的思想脉络，以至如今一提到《评检查令》，就少不了和尚念经似的复述只言片语并视之为普遍抽象的新闻自由之"理论来源"，马克思对封建统治及其书报检查令的批判更被作为反对新闻法规与管理制度的权威依据。正如有学者指出的，对其中的"自由报刊""报刊自主"推崇备至，并旁敲侧击社会主义国家的"制度与实践与马克思的新闻出版自由思想存在强烈反差以至根本背离"[1]。时至今日，《评检查令》俨然成为一道紧箍咒，一旦念起"咒语"，大家要么"沉默是金"，要么"王顾左右"。对此，如同改革开放初邓小平提出的，同样需要破除迷信，解放思想，实事求是，解除这道无端加诸于新中国新闻业与新闻学的紧箍咒。

格奥尔格·卢卡奇（Georg Lukács）提出，信守马克思主义并不意味着对马克思某个论点或某本经典著作的"无条件信仰"，而是坚持马克思主义的正确方法[2]。所谓正确方法，无非"马克思主义的活的灵魂：具体地分析具体的情况"[3]。为此，本文将《评检查令》置于历史的而非抽象的、实际的而非空泛的社会情景与思想脉络，通过考察早期马克思的时代背景、思想脉络、精神氛围等，正本清源地分析其中有关新闻思想以及新闻自由的论述，从而更加自觉地信守马克思主义新闻观的"活的灵魂"。

---

[1] 苑秀丽. 准确理解马克思的新闻出版自由思想[J]. 新闻与传播研究，2017，24（10）：5-12，127.

[2] 卢卡奇. 历史与阶级意识：关于马克思主义辩证法的研究[M]. 杜章智，任立，燕宏远，译. 北京：商务印书馆，1999：58.

[3] 中共中央马克思恩格斯列宁斯大林著作编译局. 列宁选集：第3卷[M]. 北京：人民出版社，1972：290.

二、时代背景与精神氛围

探究《评检查令》的思想内涵特别是其中新闻自由的论述,自然离不开对马克思所处时代的考察和把握,这既是唯物史观的立场、观点和方法,也是当代阐释学、再解读等学术理论所聚焦的"文本"和"语境"等命题。

所谓"再解读",是基于文本分析的一种理论方法,也是对经典作品进行深入解读的一种研究思路。唐小兵对"再解读"的解释是,在阅读中不拘泥于解释表面现象,而是揭示历史文本背后的"运作机制和意义结构"。[1] 黄子平认为,再解读意味着回到历史,将文本中被遗忘、遮蔽或者涂饰的历史多元复杂性揭露出来。[2] 唐小兵将这一过程分为两个层面:一是对文本的具体内容进行细致入微的精读;二是对文本与语境的有机联系进行由此及彼、由表及里的发掘。而正是第二点,构成再解读与"新批评"及其文本细读的根本分别。[3]

(一)历史语境

马克思早期所处的时代,正是德国封建制度风雨飘摇、资产阶级革命山雨欲来之际,日益发展的资本主义经济同封建专制制度的矛盾不断加剧。此时,资产阶级和工人阶级面临着共同对手——封建专制。随着历史发展,无产阶级与资产阶级的矛盾日益突出,资产阶级对无产阶级的新闻压迫也不断加剧。如果忽略马克思所处时代的历史背景以及马克思思想的有机脉络,而孤立地、抽象地谈论《评检查令》,那么难免以为马克思属

---

[1] 唐小兵.再解读:大众文艺与意识形态(增订版)[M].北京:北京大学出版社,2007:代导言15.
[2] 黄子平.革命·历史·小说(增订版)[M].香港:香港牛津大学出版社,1996:2.
[3] 唐小兵.英雄与凡人的时代:解读20世纪[M].上海:上海文艺出版社,2001:6-7.

于"以弥尔顿《论出版自由》为开端的"[1]资产阶级新闻自由的继承者、发扬者。

恩格斯指出，科学社会主义的产生在哲学上离不开德国古典哲学的辩证法，在现实上离不开英法两国"发展了的经济关系和政治关系"，而当时德国落后的政治经济条件无法为科学社会主义提供实践基础。[2]就早期马克思生活的时代而言，德国由于王权、教权、诸侯等长达数世纪的缠斗而败落，处于封建割据、分崩离析的状态，当时德国有民谚曰"一年有多少天，德意志就有多少诸侯邦"，这极大限制了德国资本主义的发展。相对而言，英国早在1640年就酝酿了资产阶级革命，1688年"光荣革命"更确立了君主立宪制，至19世纪上半叶，又率先完成第一次工业革命，处于世界领先地位。肇始于英国、兴盛于法国的启蒙运动，使反抗封建专制和宗教统治、追求自由平等的民主思想在法国深入人心，1789年的大革命又结束了君主专制制度。相对而言，德国资本主义举步维艰，由于各邦长期分裂，德国资产阶级长期依附于封建贵族阶级，更导致自身的软弱性和妥协性。[3]就社会氛围而言，此时的德国相对于英法等国更为压抑，马克思曾向友人阿尔诺德·卢格（Arnold Ruge）"抱怨"："这里的空气会把人变成奴隶，我在德国根本看不到任何可以自由活动的余地。"[4]虽然德国的资本主义发展缓慢，但19世纪也开始出现反封建的民主运动。1834年，德国18个邦突破封建壁垒，成立关税同盟，追求全德自由统一的贸易市场，进一步促进了资本主义。随着资本主义的发展，客观上提出以货币关系代替封建人身依附关系的要求。这一趋势最先体现于知识分子追求的人文主

---

[1] 陈力丹. 马克思主义新闻观思想体系［M］. 北京：中国人民大学出版社，2006：164.
[2] 中共中央马克思恩格斯列宁斯大林著作编译局. 马克思恩格斯选集：第3卷［M］. 2版. 北京：人民出版社，1995：691.
[3] 马泽民. 马克思主义哲学前史［M］. 重庆：重庆出版社，1994：7.
[4] 中共中央马克思恩格斯列宁斯大林著作编译局. 马克思恩格斯文集：第10卷［M］. 北京：人民出版社，2009：6-7.

义，以"对人的研究"来代替"对神的研究"，将注意力转移到现实世界。另外，资产阶级为了发展工业、追逐利益，也致力于对物质世界运行规律与科学技术的探索，从而使近代科学得以兴起，并由"教会的恭顺的婢女"转为教会的反叛者[①]。随着人文主义和自然科学的繁荣，德国迎来一个文艺复兴时期，其间新办大学就有20所。

（二）哲学语境

思想作为一种精神生产从来不是凭空出现的，"每一个时代的哲学作为分工的一个特定的领域，都具有由它的先驱传给它而它便由此出发的特定的思想材料作为前提"[②]。探索马克思在思想上的"先驱者"及其思想资料，也是探究马克思新闻思想以及早期新闻自由论述之逻辑脉络的必要前提。

法国大革命前夕，从启蒙运动中发展起来的法国唯物主义产生了较为广泛的影响。不过，这种唯物主义在"人"的问题上存在一个无法调和的矛盾：一方面，它以无神论和人的自然权利为依据，要求恢复"人"的地位；另一方面，又把人视同机器，从而实际上又否定了"人"。在这种思想背景下，古典哲学的唯心主义进入德国知识分子视野。对此，陈先达评价说，虽然从唯物主义转变为唯心主义看起来是一种退步，但从法国唯物主义在形而上学主导下产生的机械论转变为能动的辩证法，又是一种进步。[③] 这时期，德国出现了康德、黑格尔等里程碑式人物，哲学走到新的高度，恩格斯称之为哲学革命："这个革命是由康德开始的。他推翻了前世纪末欧洲各大学所采用的陈旧的莱布尼茨的形而上学体系。费希特和谢林

---

① 中共中央马克思恩格斯列宁斯大林著作编译局．马克思恩格斯选集：第3卷[M]．2版．北京：人民出版社，1995：706．

② 中共中央马克思恩格斯列宁斯大林著作编译局．马克思恩格斯选集：第3卷[M]．北京：人民出版社，2012：612．

③ 陈先达．走向历史的深处：马克思历史观研究[M]．北京：中国人民大学出版社，2016：26．

开始了哲学的改造工作，黑格尔完成了新的体系。"[1] 到 19 世纪 30 年代末马克思上大学时，虽然随着黑格尔的去世，德国古典哲学的黄金时代已经逝去，但柏林特别是柏林大学的古典哲学氛围依然十分浓厚。[2]

黑格尔哲学是唯心主义辩证法的高峰，同时这一体系也存在内在矛盾，突出表现在一方面以辩证法否定人的思维和行动的一切结果具有所谓"最终性质"，另一方面又确立了所谓"绝对真理"，而这种绝对真理体现在社会现实中就是普鲁士的封建统治。这种矛盾是"德国软弱的资产阶级和普鲁士封建贵族相妥协的理论之光"[3]。与之相应，黑格尔把宗教与哲学的对象和内容等同起来，一方面用理性否定神的存在，从而动摇了封建统治的思想根基，另一方面又无视宗教与科学、迷信与信仰的根本对立，客观上又形成了对基督教社会的信仰主义的辩护。[4]1832 年黑格尔去世后，随着资产阶级与封建贵族阶级的矛盾日渐尖锐，黑格尔的哲学体系开始"两边不讨好"，资产阶级不能容忍其对宗教的软弱态度和为封建制度辩护的立场，而封建贵族阶级对其中包含的革命因素深感不安。结果，黑格尔哲学逐渐分裂为两派——老年黑格尔派与青年黑格尔派。老年黑格尔派是黑格尔右派，抓住黑格尔"绝对观念"的概念，维护宗教神学和普鲁士封建制度；青年黑格尔派是黑格尔左派，着重以辩证法对无神论和革命思想进行探索，尤以黑格尔的学生大卫·弗里德里希·施特劳斯（David Friedrich Strauss）及其《耶稣传》为代表，通过批判宗教进而批判封建统治。柏林大学的法学教授爱德华·甘斯（Eduard Gans）及其自由主义思想，以及奥古斯特·冯·契希考夫斯基（Auguste von Chechkovsky）及其

---

[1] 中共中央马克思恩格斯列宁斯大林著作编译局.马克思恩格斯选集：第 3 卷 [M].2 版.北京：人民出版社，1995：489.
[2] 陈先达，靳辉明.马克思早期思想研究 [M].北京：中国人民大学出版社，2016：13.
[3] 陈先达，靳辉明.马克思早期思想研究 [M].北京：中国人民大学出版社，2016：2.
[4] 马泽民.马克思主义哲学前史 [M].重庆：重庆出版社，1994：134.

行动哲学，也为青年黑格尔派提供了精神支柱，促使青年黑格尔派从脱离现实的学理研究走向激进的宗教与社会批判。1839年，柏林的博士俱乐部参与到青年黑格尔派的活动中，不少成员成为青年黑格尔派的中坚力量，布鲁诺·鲍威尔（Bruno Bauer）和马克思尤为耀眼夺目。青年黑格尔派既对德国哲学产生了极大影响，也促使马克思完成了一次重要的思想转折。

（三）个人语境

1836年，马克思入读柏林大学法律系。柏林大学是黑格尔哲学的中心，也是德国思想与意识形态的中心，其学术论辩与德国政治密切相关。在读初期，受导师弗里德里希·卡尔·冯·萨维尼（Friedrich Carl von Savign）及其历史法学派影响，马克思表现出强烈的罗马法中心的倾向，认为罗马法的原则对一般法具有普遍性的决定意义。同时，他也推崇康德和费希特，研究他们的哲学思想。[①] 在此基础上，马克思试图建立一个将法学和哲学结合起来的法哲学体系。但不久，马克思便发现自己试图创立的这个"体系"之严重困境——将概念与现实形而上地对立起来。因此，他开始对这个体系以及自己所依据的萨维尼历史法学派以及康德哲学、费希特哲学等进行反思，发现三者都存在同样的本质问题——现有与应有或实然与应然的对立，而这种对立是唯心主义固有且不可破解的内在矛盾。为此，马克思超越理想主义，开始将思想触角深入现实世界以寻求真谛。换言之，马克思在大学时期就已是一个关注"现实本身"的人。当然，马克思尽管使用了"现实""尘世"等词语，但当时尚不具有后来唯物史观的内涵和意义。[②] 在此之后，马克思也并未直接走向唯物主义，而是经历了一

[①] 黄凤炎，张战生.反思与超越：马克思的思想轨迹[M].北京：工人出版社，1988：10.

[②] 吴晓明.马克思早期思想的逻辑发展[M].上海：上海人民出版社，2016：90.

个曲折的过程——从主观唯心主义先走到客观唯心主义。

"帷幕降下来了，我最神圣的东西已经毁了，必须把新的神安置进去。"[①]康德哲学、费希特哲学、萨维尼历史法学派等既然都已经不能解答马克思的难题，那么，他们在马克思心中自然失去神的位置，而"新的神"便是黑格尔。在当时哲学家中，只有黑格尔能够回应他的"应有"与"现有"对立的困扰。后来，他又接触了博士俱乐部和青年黑格尔派，其中一些成员的著作所包含的对黑格尔哲学的批判与发展，又使马克思一开始便没有完全局限于黑格尔体系。经历了对历史法学派以及康德哲学、费希特哲学的反思，马克思已经走出主观唯心主义；而选择黑格尔哲学，又意味着走向了另一种唯心主义——客观唯心主义。看起来还是在唯心主义范畴，但在应然与实然对立的问题上则是一次飞跃，马克思第一篇完整的哲学著作即博士论文就是在这一基础上完成的。

1841年，他以《德谟克里特的自然哲学与伊壁鸠鲁的自然哲学的差别》为题完成了博士论文。德谟克里特和伊壁鸠鲁都是古希腊的唯物主义哲学家，这篇博士论文采用黑格尔的客观唯心主义立场，难免同时包含着唯心主义和唯物主义的成分。其中，唯心主义成分主要体现在自我意识能动作用的出发点上，唯物主义成分主要体现在肯定世界的原子（物质）本质以及对超验的否定上。由此说来，这篇博士论文中还存在着某种哲学上与政治上的矛盾。马克思也发现了这些矛盾，但当时尚无解决之道。不过，也正是这些矛盾，推动马克思在哲学思想上深入求索，最终创立了唯物史观。

三、《评检查令》及其新闻思想

博士论文完成后，马克思本想在大学当一名哲学教授。但由于普鲁士政府正在严厉防控以青年黑格尔派为代表的革命思想和自由派知识分子，

---

① 马克思恩格斯全集：第40卷［M］.北京：人民出版社，1982：14-15.

他的政治立场和哲学倾向使学院前景不免黯淡。于是，在写作《评检查令》后，马克思选择了《莱茵报》，将新闻记者作为第一份职业，同时也是他一生唯一的正式职业。

普鲁士政府曾在1819年颁布过一项书报检查令，即《评检查令》中提到的"旧的书报检查法令"。1830年七月革命后，为了控制革命思潮的蔓延，普鲁士政府又增加了新的书报检查措施。威廉四世登基后，为了缓和资产阶级与封建统治阶级的矛盾，应对资产阶级自由派日益强烈的要求，又颁布了新的书报检查令，也就是马克思在文章里集中抨击的对象。新的书报检查令貌似开明、自由，也使资产阶级自由派产生不切实际的幻想，以为新的书报检查令开启了新闻出版的新时代。马克思则清醒认识到检查令中"虚伪的自由主义"，因此写下人生第一篇政论文《评检查令》，揭露其虚伪性以及后果——不仅不会促进新闻出版自由，反而给新闻出版自由制造了新的、更大的枷锁。①

在《评检查令》以及《莱茵报》时期的相关政论中，马克思将新闻自由的普遍性具体化了。这一点首先体现在他将新闻自由视为全体公民的自由，认定所有人都追求自由，且每个公民拥有的新闻自由应该是等同的。按照他的论断——"自由是人的类本质"②，自由的价值和重要性并不在于对个体的影响，而在于对人这一整体的意义。也就是说，新闻自由是自由的

---

① 欧洲对"自由"的理解有着深厚的"免于他人意志支配"的传统，这种传统隐含"二元对立"意识，如同天国与地狱、天使与魔鬼等。与此相应，政府与媒体在新闻自由上往往被置于人为对立的地步，以为新闻媒体所受的束缚和控制全部源于政府，故对新闻自由的理解往往局限于"政府与媒体"的二元关系。这种新闻自由观影响甚广，政府与新闻媒体的关系也成为衡量新闻自由的唯一标杆。而只要审视现实，就能发现这种新闻自由观的局限性。比如，若以新闻媒体为主体，则新闻自由包括传播信息和表达观点的自由，而当媒体受制于资本时，要么丧失表达观点的自由，要么丧失表达观点的能力。今天，媒体最不敢批评的是所谓受众，在"注意力经济"模式下，受众成为媒体获利的资源，此时媒体也同样无所谓自由。

② 马克思.1844年经济学哲学手稿[M].中共中央马克思恩格斯列宁斯大林著作编译局，编译.3版.北京：人民出版社，2000：57.

"类",而否定新闻自由就是否定自由这个"种",即对人的自由的否定。从《评检查令》中也可发现,马克思不是从个体对新闻自由的要求角度而是从书报检查令对"人"的自由的压迫角度,批判、质疑和否定书报检查令的。

从唯物史观的角度看,这种自由的普遍性与均等性来自资本主义对平等的货币关系的诉求,社会中的所有人都被包含到这一貌似"平等"的资产阶级法权体系中。因此,就虚幻的货币关系而言,人人都是平等的、自由的;而就实际的社会关系而言,则传统社会中"人对人"的依附关系又变成现代社会中"人对物"的依附关系。只要将貌似逻辑自洽的自由引入应然实然相互对立的资本主义社会现实,就会发现它不堪一击。如果说"所有人都追求自由"属于无法证实也无法证伪的命题,那么唯一可以肯定的是,在阶级社会中,不同阶级、不同群体对自由的理解以及享有自由的实际状况显然不同,甚至对立,而这一切归根结底无不源于现实中的生产关系与社会关系,也就是当代文化与传播研究常说的权力关系。由此导致不同的甚至对立的自由无法容忍对方的存在,封建阶级和资产阶级如此,资产阶级和无产阶级同样如此。真正普遍的、作为人类终极追求的自由境界,只能在完全消灭阶级与阶级对立之后才能成为现实,正如马克思主义的里程碑著作《共产党宣言》所揭示的:"代替那存在着阶级和阶级对立的资产阶级旧社会的,将是这样一个联合体,在那里,每个人的自由发展是一切人的自由发展的条件。"[①]

(一)新闻自由的本质——追求真理

在《评检查令》中,马克思敏锐发现隐藏在检查令文辞中对探求真理的束缚与否定,就此展开的批判也反映出马克思对新闻自由之本质的理解。在他看来,新闻自由是追求真理的自由而非一般的表达自由。比如,

---

[①] 中共中央马克思恩格斯列宁斯大林著作编译局. 马克思恩格斯选集:第1卷[M]. 北京:人民出版社,2012:422.

马克思指出检查令中的一条"书报检查不得阻挠人们对真理作严肃和谦逊的探讨",该条款似乎在维护"真理的探讨",但"严肃"和"谦逊"两个限定词则使真理及其探讨成为具文。[1]一方面,这种限定使所谓探讨一开始就已经脱离真理,而将注意力投向"严肃""谦逊"等无关宏旨的第三者。在马克思看来,真理的探讨就应当是"直奔真理,而不要东张西望"[2]。另一方面,探讨真理本身也应当是且必须是直接的、锐利的,"谦逊"只会让人畏首畏尾,结果使探寻真理举步维艰。毛泽东在《对晋绥日报编辑人员的谈话》中说过:"一切宣传工作,都应当是生动的,鲜明的,尖锐的,毫不吞吞吐吐……用钝刀子割肉,是半天也割不出血来的。"[3]至于"严肃"云云,同样让人无法自由地使用自己的方式讨论真理,结果同样成为探讨真理的绊脚石。

既然"精神的实质始终是真理本身"[4],而马克思理想中的报刊都是真正的精神反映,那么新闻报刊就应当不受限制地追求真理,任何对真理的限定都是试图混淆或者剥夺真理的中心地位。简言之,早期马克思心目中的新闻自由,就是不受任何束缚地追求真理的自由。[5]

(二)书写真理的自由:新闻形式

德国资产阶级自由派在反封建斗争中,最先的着力点是宗教。虽然宗教与世俗封建统治势力常有摩擦,但宗教终究有助于封建统治阶级操控人民。因此,在封建世俗权力、宗教势力、资产阶级和无产阶级等矛盾关系

---

[1] 中共中央马克思恩格斯列宁斯大林著作编译局.马克思恩格斯选集:第1卷[M].2版.北京:人民出版社,1995:110.
[2] 中共中央马克思恩格斯列宁斯大林著作编译局.马克思恩格斯选集:第1卷[M].2版.北京:人民出版社,1995:110.
[3] 毛泽东.对晋绥日报编辑人员的谈话[J].新闻实践,1997(9):10.
[4] 中共中央马克思恩格斯列宁斯大林著作编译局.马克思恩格斯选集:第1卷[M].2版.北京:人民出版社,1995:111.
[5] 刘宏宇.《评普鲁士最近的书报检查令》考证研究:马克思首篇政论文的历史背景及思想观念分析[J].国际新闻界,2011,33(9):6-13.

中,封建世俗权力必然选择同宗教联合,对资产阶级、无产阶级的革命思潮进行遏制与打压。

为此,马克思对新闻自由的诉求,在内容层面追求对封建势力和宗教权威进行批判的自由,在形式层面致力于书写真理的自由。而书报检查令从形式方面提出的一系列规定,无异于要求千人一面、抹杀个性。正是针对这一问题,马克思写下了那段文采飞扬的文字:"你们赞美大自然令人赏心悦目的千姿百态和无穷无尽的丰富宝藏,你们并不要求玫瑰花散发出和紫罗兰一样的芳香,但你们为什么却要求世界上最丰富的东西——精神只能有一种存在形式呢?……一片灰色就是这种自由所许可的唯一色彩。"[①]这段精彩论述诗情洋溢、文采斐然,同时需要指出的是:第一,马克思说的是精神的形式的自由,而非精神的内容的多样化,因为新闻的内容是真理,而真理本身不存在多样化。第二,即使就形式而言,马克思的核心关切也在于尊重精神在形式多样化上的自然状态,而非强求形式上的人为多样化,因为这一要求同样是对自由及其自然状态的一种不恰当干预。如果干预新闻的形式,那么结果也是对新闻这一探讨真理的精神过程的扰动。至于让所有的精神只能呈现一种表情,即官方指定的表情,更使理性的领域成为一片灰暗地带。为此,马克思主张在真理的太阳照耀下,应该让每个个体的思想都如露珠一般自然闪现"无穷无尽的色彩"。

(三)新闻自由的归属

有关新闻自由的归属问题虽在《评检查令》中没有明言,但由于马克思将新闻事业看作全体公民的精神活动,书报检查令就被视为对全体公民的精神的束缚。在质疑"严肃"和"谦逊"两个主观要求时,马克思讽刺道,如果对出版物的"谦逊"的要求是指席勒所谓"天才的谦逊",那么

[①] 中共中央马克思恩格斯列宁斯大林著作编译局.马克思恩格斯选集:第1卷[M]. 2版.北京:人民出版社,1995:111.

普鲁士政府就需要把全体公民都变成"天才"①。这里，他并没有说报刊从业者、新闻撰写人或作者，而是说"全体公民"，也表明马克思对新闻自由属于全体公民的理解。

检查令要求在批准新的报刊和任用新的编辑时必须以学术水平、地位和品格为评判标准，而马克思质疑检查官的学术能力是否足够对报刊编辑的学术水平进行评判。姑且假定其学术能力足够强，那么他们就该是普鲁士最博学多才的学术顶尖人才，马克思讽刺说，普鲁士既然有这么多"万能人才"，何不让他们以作者的身份出现呢？如果他们在学术界毫无作为，或者根本没有进过学术界，那么又如何判断他们拥有学术才能呢？②他指出，虽然书报检查令的规定列举了学术水平、地位和品格等三种要求，但学术水平和品格难有客观标准，而地位则是直观的，因此前两者实际上取决于地位。于是，地位就成为判断新闻自由的唯一标准，谁是新闻自由的享受者、人拥有多少新闻自由等便由地位决定了。显然，有地位的人是普鲁士的统治阶级，包括官员、贵族和宗教势力。结果，新闻自由最终掌握在封建统治阶级手中，而普通公民均被排斥在外。

（四）如何实现新闻自由

讨论新闻自由的目的在于实现新闻自由。马克思批评检查令之际，也提出一些实现新闻自由的构想。既然认定新闻自由属于全体公民，加之对新闻出版与社会政治的认识，此时马克思已经意识到，实现新闻自由不能仅仅局限于新闻业本身，而得深入社会、制度、法律、国家等现实政治层面，以寻求实现新闻自由的路径。

在他看来，实现新闻自由并不仅仅在于简单废除书报检查制度。虽然

---

① 中共中央马克思恩格斯列宁斯大林著作编译局.马克思恩格斯选集：第1卷[M].2版.北京：人民出版社，1995：111.
② 中共中央马克思恩格斯列宁斯大林著作编译局.马克思恩格斯选集：第1卷[M].2版.北京：人民出版社，1995：128.

书报检查制度本身有着不可克服的缺陷，号称保护新闻自由的普鲁士书报检查令其实成为对新闻自由最为沉重、最为牢固的一道枷锁，但马克思并不认为新闻业就应当完全放任自流，不需要法律约束。相反，他认为，应当设立保护新闻自由的法律。在批评检查令是一种以倾向为标准的恶法时，他也肯定人要受到法律的支配，公民要求新闻自由的权利也需要受到相应的法律的保护。这里，马克思还局限于启蒙理性所理解的新闻出版和法律问题，因此认为法律和新闻出版都是理性的具体表现形式，在合理的法律范围内的思想自由和言论自由是理性的一种客观表现。[①] 他认同的理性的新闻自由的法律，应当包含三个属性。一是尊重"人"而非维护制度，并尽可能保证公民在法律面前一律平等。二是采用客观标准而非主观臆断。三是以行动而非以思想的倾向为考察对象。如果说新闻出版是探求真理的活动，而真理得来不易，那么就需要让不同的思想通过新闻和写作、辩论和竞争，使真理逐渐浮出水面。在自由竞争的前提下，真理的思想必定会获得最广泛的认同。在《评检查令》中，马克思并未反对普鲁士政府传播自己的思想，他所反对的仅仅是普鲁士禁止其他思想传播的自由。他讽刺说，如果书报检查官真的掌握真理，并且有充足的学术才能，那么必定会很容易地扫除新闻出版领域的"混乱"现象，确立普鲁士政府思想的主流地位。[②]

这一思想自由竞争的观念隐含着如下唯心论的假设：人都是有理性的，基于理性必然会自觉选择真理。因此，在新闻出版行业，只有思想自由竞争，行业才会有活力，真理才会显现，谬误也会被消灭。由此说来，实现新闻自由的路径就是让思想在新闻出版领域自由竞争。这一基本认识及其前提假设均属资产阶级启蒙运动及其理性主义思路，包括"观点的自

[①] 刘宏宇.《评普鲁士最近的书报检查令》考证研究：马克思首篇政论文的历史背景及思想观念分析[J].国际新闻界，2011, 33（9）：6-13.

[②] 中共中央马克思恩格斯列宁斯大林著作编译局.马克思恩格斯选集：第1卷[M].2版.北京：人民出版社，1995：128.

由市场论"。类似思路也是时下解读早期马克思以及所谓"新闻自由"的习见思路，即局限于逻辑的、抽象的或理性的层面讨论问题，而忽略自由背后错综复杂的现实关系或权力关系。对此问题，赵汀阳说得好："逻辑上为真（true）只是纯粹形式的真，却不是真实（real）。只有真而不空才是真实。"[①] 近百年前，列宁在《关于"出版自由"》一文中对此更做出马克思主义"真而不空"的回答：

> 一切马克思主义者和一切考虑过四年来我国革命的经验的工人都一定会说：我们倒要弄弄清楚是什么样的出版自由？是干什么用的？是给哪一个阶级的？
>
> 我们不信奉"绝对的东西"。我们嘲笑"纯粹的民主"。
>
> "出版自由"这个口号从中世纪末直到19世纪成了全世界一个伟大的口号。为什么呢？因为它反映了资产阶级的进步性，即反映了资产阶级反对僧侣、国王、封建主和地主的斗争。
>
> ……
>
> 在全世界，凡是有资本家的地方，所谓出版自由，就是收买报纸、收买作家的自由，就是买通、收买和炮制"舆论"帮助资产阶级的自由。
>
> 这是事实。任何人任何时候都推翻不了。这方面要做的工作是很多的。通过这些工作，就可以（而且应当）医治毛病，慢慢地然而是真正地医治毛病，而不是被"出版自由"这个"闪烁不定"的鬼火迷惑住。[②]

四、分析与讨论

《评检查令》在马克思新闻思想历程中具有突出地位，它既延续了马

---

① 赵汀阳. 历史·山水·渔樵 [M]. 北京：生活·读书·新知三联书店，2019：20.
② 中共中央马克思恩格斯列宁斯大林著作编译局. 列宁专题文集. 论马克思主义 [M]. 北京：人民出版社，2009：311-316.

克思大学时期的哲学思考,又开启了马克思在《莱茵报》时期的理论探索,并首次将"新闻自由"的概念引入其思想视野。文章既展现了马克思新闻思想的先进性,也难免于特定的时代性或局限性。其中尤为突出的是康德、黑格尔以及英法资产阶级启蒙思想家的精神烙印,表现在更多论述是从逻辑到逻辑而不是更多从现实到逻辑、从逻辑到现实的有机统一,从而显示了一种理性主义或唯心主义的认识倾向。

(一)自我意识的自由

总体而言,马克思在《评检查令》中对自由的理解,仍在延续其博士论文开启的自我意识的思路。这种认识在《评检查令》中呈现出两个特点:第一,自由是人的类本质;第二,自由需要具有现实性。

在博士论文中,马克思认为原子的偏斜运动和直线运动之间的矛盾表明原子具有能动性,也就使原子能够摆脱命运的必然性。个体的自我意识同样具有能动性,因而人的自由成为可能。在这一论证逻辑中,自由俨然脱离经验而存在,纯属意识和思辨领域。在《评检查令》以及在《莱茵报》前期工作中,马克思所理解的自由,同样也是这种先验存在的人的类本质及其抽象本性。在此基础上,马克思认为新闻自由本质上是思想自由,是人生而具有的权利,而书报检查制度试图压抑人的这种自由,故而违背人的"本性"。

自由的先验存在及其抽象人性论,是德国古典哲学与欧洲哲学的传统认识,更是自由主义意识形态的法眼。在自由这个问题上,早期马克思还没有摆脱法国启蒙思想家卢梭以及德国古典哲学家康德、费希特和黑格尔等人的影响。卢梭名言有"人生而自由",自由被看作一种人本身具有的天性。康德论证了自由不依赖任何经验而具有的绝对性与实在性。在费希特看来,自由是人不可转让的权利,也是属于"自我"的特性。黑格尔从客观唯心主义出发,把自由视为精神的本性,并把对自由的意识看作历史前进的动力。① 马克思虽然批判了康德和费希特将应有与现有对立的问题，对青年黑格尔派的自我意识哲学也有所超越，但在自由的先验存在上，马克思和他们并没有本质的区别。这种自由观，究其根本还属于唯心论。

从《评检查令》的具体内容看，尽管其中不乏唯物论的成分，但作为论述的主体——自由及其生成则与现实世界无关或无涉。如果人类本性就包含着自由的因素，那么奴隶社会的奴隶与封建社会的农民为何没有现代意义的自由概念？倘若人的"自由"是自带属性，那么为什么有的人自由多，有的人自由少呢？马克思在之后的文章里也批判了"复数的自由"，认为社会自由并不是个人自由的简单相加。那么，是什么决定社会自由的总量呢，又是什么决定自由的分配呢？说到底还在于生产力与生产关系的总体运动，以及由此构成的社会政治经济结构。从自由作为一种有待实现的状态看，自由首先离不开对物理世界种种束缚的克服，这种不受束缚的能力也构成社会的自由总量。在一定自由总量的情况下，自由无法自动在所有人之间平均分配，一个阶级的自由与其他阶级往往相互矛盾，甚至尖锐冲突。在阶级社会中，要想获得真正的而非空洞"自由"，就必须进行斗争。正如马克思后来在《关于新闻出版自由的辩论》中意识到的，要用斧子为出版自由而斗争。②

依据马克思恩格斯确立的唯物史观，自由主义谱系的"自由"，离不开资本主义的发展与资产阶级法权关系，历史与现实状况都使资产阶级要求以一种新的、貌似平等的货币关系代替以往封建社会中人对人的依附关系。作为一种历史性与阶级性的意识形态，自由主义无非体现了资产阶级的阶级利益与现实诉求。同时，自由的现实性亦即实践性作为马克思对德国以及欧洲哲学的突破点，既是马克思在博士论文中所欲解决的问题，也

---

① 陈先达.走向历史的深处：马克思历史观研究[M].北京：中国人民大学出版社，2016：39-40.

② 中共中央马克思恩格斯列宁斯大林著作编译局.马克思恩格斯选集：第1卷[M].北京：人民出版社，2012：202.

是《评检查令》中所表现出来的重要特质。在德国古典哲学中，对自由的讨论集中在伦理学、认识论和本体论三个视域。在伦理学视域中，自由与德性联系在一起；在认识论视域中，主要问题在于如何认识自由而非实现自由；在本体论视域中，自由更没有与实践产生联系。而马克思则将追求自由作为一种应然与实然的有机结合的实践过程，这也是他对唯心主义哲学的超越。

在《评检查令》中，马克思虽在抽象层面要求新闻自由，但是为了解决"应有"与"现有"的对立，在实践层面还是更多关注新闻自由的实际状况与具体路径，如新闻内容的自由、形式的自由等，从而使自由从纯粹思辨的领域与现实发生联系。当然，早期马克思所追求的现实性与成熟马克思所致力的"现实性"大为不同。前者集中在哲学上将应然与实然统一起来；后者则旨在追求哲学对现实世界的实际改变，即马克思在《关于费尔巴哈的提纲》中写道的："哲学家们只是用不同的方式解释世界，问题在于改变世界。"[①] 不过，也正是马克思博士论文以及《评检查令》所开启的对实践和现实的关注，才构成他与德国古典哲学的根本区别，并开始将哲学"从天上请回人间"。特别是《莱茵报》时期，马克思作为报人关注了一系列社会问题，更是大大加强了他对现实的认识，也让他更加重视哲学对现实的能动作用。《莱茵报》被查封后，马克思继续从事哲学研究，走上创立唯物史观的道路。这期间，马克思也从纯哲学研究开始转向对经济学的关注。马克思在1859年曾回顾道："1842—1843年间，我作为《莱茵报》的编辑，第一次遇到要对所谓物质利益发表意见的难事，莱茵省议会关于林木盗窃和地产分析的讨论，当时的莱茵省总督冯·沙培尔（von Schaper）先生就摩塞尔农民状况同《莱茵报》展开的官方论战，最后，关于自由贸易和保护关税的辩论，是促使我去研究经济问题的最初动因。"[②]

---

① 中共中央马克思恩格斯列宁斯大林著作编译局.马克思恩格斯选集：第1卷[M].北京：人民出版社，2012：136.

② 中共中央马克思恩格斯列宁斯大林著作编译局.马克思恩格斯选集：第2卷[M].北京：人民出版社，2009：588.

1895年4月,恩格斯也谈道:"我曾不止一次地听到马克思说,正是他对林木盗窃法和摩塞尔河地区农民处境的研究,推动他由纯政治转向研究经济关系,并从而走向社会主义。"① 因此,以《评检查令》为代表的《莱茵报》时期是马克思的重要转折点,其间的现实经验也为他最终创立唯物史观奠定了基础。

(二)理性主义的自由

在黑格尔哲学体系中,理性是永恒的本质、和谐与规律,其终极目标是自由的实现。② 马克思这一时期同样将事物的本质理解为"理性",按照事物的本质对待事物,就是按照理性的方式对待事物。在《评检查令》中,理性的直接现实要求就是客观,而检查令中的倾向、学术水平等纯粹主观的标准在马克思看来都是反理性的。这一点构成马克思批判书报检查令的基本立场。这也说明,虽然马克思提出了对"现实"的要求,但追求的仍然是理性原则。恩格斯在《反杜林论》中指出,面对社会中的弊病,从头脑中发明出来的"理性"手段通过宣传或者典型示范等方式,从外部强加于整个社会,由于脱离具体的经济条件和生产关系,一开始就注定是空想。③ 因此,解决问题必须要从物质事实中寻找答案。不过,马克思的理性与黑格尔颇有区别,黑格尔的理性接近"绝对理念",而马克思认同的理性则是一种客观的、普遍独立的思想。

值得关注的是,在《莱茵报》工作不久,马克思就产生了对原本秉持的理性主义的怀疑。直接原因是马克思在评论林木盗窃法时,遇到了"物质利益难题"。在现实的物质利益面前,他所信仰的"理性"不堪一击。马

---

① 中共中央马克思恩格斯列宁斯大林著作编译局. 马克思恩格斯全集:第39卷[M]. 北京:人民出版社,1974:446.

② 文学平. 青年马克思自由观的三个维度[J]. 当代国外马克思主义评论,2008(0):219-233,409.

③ 中共中央马克思恩格斯列宁斯大林著作编译局. 马克思恩格斯全集:第3卷[M]. 北京:人民出版社,2012:608-618.

克思由此意识到，理性并不足以解释世界；纯粹的逻辑论证既不能实现理论和实践的结合，更不能对世界作出合乎理性的修正。由此，他开始更加重视物质利益的作用，并考察事物以及现象背后的各种"客观关系"。在《摩泽尔记者的辩护》中，马克思已将新闻自由同物质利益结合起来考察。他写道："自由报刊的必要性是从摩泽尔河沿岸地区的贫困状况的特性中产生的。"[①] 报刊既受到社会舆论深刻的影响，同时也在产生着社会舆论，因此只有"自由报刊"才能实现个人利益和普遍利益的统一，使得摩泽尔沿岸的贫困成为社会普遍关注和同情的对象[②]。这样，马克思对新闻出版自由的考察就不再局限于精神领域，而转向社会现实因素。

（三）国家与自由的二元对立

受到资本主义社会生产力与生产关系的影响，如私有制、产权保护、个人权利等，近代以来西方哲学将个人主体性上升到中心地位，从自我意识的角度，追求人作为独立的个体而非共同体一员的意义。自由不再是共同体的意志对个人的规定，而是个人作为主体本身所具有的一种独立地位与意识。这种对个体自由的无限追求，导致个人自由与社会自由之间的矛盾日益突出。表现在政治思想上，就是国家与个人在自由上的二元对立。

黑格尔发现了这个问题。当时德国资本主义发展缓慢，面临着英法等成熟资本主义国家的挤压，因此关注现实的哲人自然会思考德国"往何处去"等问题。也因此，黑格尔的国家观便以建立统一的、强大中央集权的民族国家为目标。他认为必须用普遍性来规制个人的特殊性，从而形成一个相互依赖的系统——理性的国家，即一个真正将普遍性和特殊性统一起来的有机体。在国家和自由的关系问题上，撰写《评检查令》的马克思还

---

① 中共中央马克思恩格斯列宁斯大林著作编译局.马克思恩格斯全集：第3卷[M]. 2版.北京：人民出版社，1995：364.
② 陈先达.走向历史的深处：马克思历史观研究[M].北京：中国人民大学出版社，2016：47.

处于自由主义和黑格尔之间。也因此,《评检查令》表现出一种自由主义倾向,具有明显的"免于他人干涉和支配"的意味。这一时期,马克思对自由的认识还局限于自我意识,而自我意识正是突出个体的主体地位及其自由。就此而言,马克思的自由观具有自由主义的色彩,他对书报检查令的批判也凸显了政府与公民、国家与社会的二元对立。当然,这一思想也有其直接的历史原因,此时正值普鲁士封建统治与新兴资产阶级矛盾开始激化的时期,两者的对立冲突成为学界关注的核心问题,因此马克思也难免将对自由的束缚看作政府与公民的二元对立,并坚决站到公民一方。这种自由意识同启蒙思想的天赋人权、康德与费希特的自由权利不可让渡等观念十分相似(马克思大学时期的大量阅读也来自法国启蒙思想家,他本人也非常欣赏法国大革命的"平权"思想)。这既是马克思《评检查令》一文的先进性所在,同时也并没有突破时代话语与思想语境。

与此同时,他吸收黑格尔的理性国家观,认为国家应当是理性的实现,而自由是理性的必然结果,故而理性的国家和自由的实现应该是相互统一的。这表明,马克思也希望建立统一国家,结束德国的分裂状态。为此,马克思反对毫无边际的新闻出版自由,认为应将新闻出版自由置于保护新闻自由的法律下,因为他把法律视为国家理性的体现。这一认识同黑格尔将国家抽象化,以此消解理论中个人利益与普遍利益的矛盾如出一辙。进而言之,在《评检查令》以及《莱茵报》时期的一些作品中,他更多将市民社会置于理性、虚幻的国家统摄之下,忽视实际利益对新闻出版自由的决定性影响,直至遇到"物质利益难题"。从新闻自由的实践看,号召、呐喊、批评都不会带来新闻自由,只能启发特定阶级的新闻自由意识。历史表明,由于新闻自由所固有的阶级性,这种自由就必然是由斗争得来的。正如马克思所说,批判的武器不能代替武器的批判。

(四)理想主义的色彩

虽然马克思在大学期间曾经批判康德和费希特在哲学上的理想主义,

但写作《评检查令》时，他的思考还是充满理想主义的，如对普鲁士法律持有的"幻想"。《评检查令》有个矛盾之处：既要求废除书报检查制度，并意识到书报检查制度根源于普鲁士的封建统治，又寄希望于在现有政治逻辑下，普鲁士能够制定理性的新闻出版法以保障新闻自由。也就是说，马克思当时并没有意识到，法并不是以脱离现实的"自由意志"为基础，而是统治阶级的共同意志和共同利益的体现，归根结底是巩固阶级统治的工具。[①] 普鲁士最新的书报检查令也不例外。它打着保护新闻出版自由的旗号，实际上却进一步遏制新兴资产阶级的新闻自由，从而巩固封建统治。因此，寄希望于统治阶级制定反对自身的法律，无异于与虎谋皮。对此，马克思恩格斯到《德意志意识形态》时，才从唯物史观认识和分析法律，揭示法律不过是现实经济关系的反映，而追求新闻出版法律的"普世性"乃属一种空幻梦想。

需要指出的是，此时马克思对现实或者未来抱有的理想主义的幻想，同成熟马克思对未来共产主义的理想追求是完全不同的概念。前者是在认识世界时忽略现实利益关系而希望以抽象的、无关经验现实的理想模式重构现实；后者则是在科学把握生产力与生产关系、经济基础与上层建筑及其意识形态的有机运动的基础上提出的具有实践意义的革命目标。不过，马克思早期的这种理想主义也并非没有意义。它提出的基于抽象人性和理性主义的理想社会模型，符合新兴资产阶级的诉求。通过理想模式与现实存在的对比，加深了人们对封建统治的不满，也起到了解放思想的作用，这一点在后来的《新莱茵报·民主派机关报》工作中有所凸显。解释世界固然不等于改变世界，但改变世界的前提离不开解释世界，正如伯林阐述的"自由的两种概念"。[②]

---

① 苑秀丽. 准确理解马克思的新闻出版自由思想［M］. 新闻与传播研究，2017，24（10）：5-12，127.

② 张辰龙在《"自由"能分积极与消极？》一文中指出：第一，伯林所谓 two concepts of liberty，探究的是"自由的两种概念"而不是"两种自由的概念"，因为自由的概念远不止两种；第二，positive liberty 与 negative liberty，（接下页）

（五）改良派还是革命派

关于马克思此时究竟是民主主义改良派还是民主主义革命派，也关系到对马克思早期新闻思想包括新闻自由论述的理解。这里的关键在于明确"革命"的内涵。

马克思主义认为，革命有两个核心要素："阶级"和"行动"。从"阶级"方面看，此时马克思尚未认识到普鲁士对新闻出版自由的压制根源于阶级对立，而仅仅视为政府的非理性，故在"阶级"意义上尚未达到革命程度。从"行动"方面看，马克思还是理性主义者，他虽然关注现实，但其改变现实的路径则依赖理性确立的标准模型，然后期盼在实践中推动理性的回归。尤其是他还寄希望于一个理性的、客观公正的法律以保护新闻自由，而没有意识到法的现实基础与阶级本质。因此，马克思此时也没有在"行动"意义上达到革命的程度。直到1842年马克思撰写的《第六届莱茵省议会的辩论——关于出版自由和公布等级会议记录的辩论》，提出用矛头和斧子为新闻出版自由而斗争时，他才在行动意义上开始有了革命因素。

同时也应指出，在《评检查令》中，他对普鲁士封建统治的批判十分激烈，抨击他们通过文字游戏貌似保护新闻出版自由，实则压制公民新闻自由的"虚伪的自由主义"。出于青年黑格尔派批判宗教这一封建统治基础的斗争风格，马克思也批判了普鲁士将宗教作为统治基础，进而将矛头直指封建制度，"这种制度本身是恶劣的，而且各种制度却比人更有力量"。[①] 在德语里，这句话的第一处"制度"特指书报检查制度，而第二处

只能译为"肯定性自由"与"否定性自由"，自由的这两种概念与所谓"积极"与"消极"毫不搭界；第三，自由的肯定性概念与否定性概念并非同一事物的两种不同说法，二者的逻辑距离或许不大，但方向完全相反。见《读书》2020年第1期。

① 中共中央马克思恩格斯列宁斯大林著作编译局.马克思恩格斯全集：第1卷［M］.2版.北京：人民出版社，1995：134.

"制度"使用复数。这表明，马克思已经认识到，书报检查制度及其问题并非孤立的，除此之外，普鲁士国家机器还有更多同样具有此类"异化"特征的体制机制。[①] 相比黑格尔以及青年黑格尔派，马克思此时的思想更加先进、更加进步。黑格尔认为，新闻出版自由必须以国家利益为前提，在实践中就是以普鲁士政府的利益为前提。青年黑格尔派虽然通过批判宗教而动摇普鲁士封建统治的基础，却很少直接向封建统治发起思想斗争。而马克思则将批判锋芒指向了普鲁士的封建专制制度。

如此看来，马克思此时可以说正在"走向"革命民主主义。一方面，他并没有主张资产阶级和无产阶级通过行动推翻封建统治，从而获得新闻出版自由；而仅仅是通过对普鲁士政府及其制度的逻辑否定，证明新闻出版自由合乎理性。这是《评检查令》新闻自由论述的局限性所在。另一方面，他直接批判封建专制制度，注意到新闻自由与封建制度的总体联系，又是他超越时代精神的先进性所在。

综上所述，刚从大学进入社会的马克思还具有理性主义和唯心主义倾向，并对社会和国家抱有某种理想主义的幻想。此时，他的新闻思想既有资产阶级革命意义上以及哲学思想上的先进性，又有囿于历史氛围与自身认识的局限性，突出表现在基于抽象人性和普遍理性的新闻自由论述。应当说，此时的马克思还属于欧洲激进的民主主义者，是一个持有客观唯心论的哲学研究者、政论文作者和报刊编辑。自从创立唯物史观之后，马克思对新闻自由问题的认识就不再仅仅限于逻辑雄辩，以马克思主义的里程碑著作《共产党宣言》为标志，他的所思所想便无不围绕着无产阶级与资产阶级的现实关系而展开，任何自由包括新闻自由都离不开对全面异化的资本主义文明的批判、斗争与超越。对于以《评检查令》为代表的马克思早期新闻思想进行科学分析，既是为了理解其新闻自由论述的真谛，匡正对这篇雄文有意无意的误读，也是为了全面把握马克思新闻思想的来龙去

---

① 刘宏宇.《评普鲁士最近的书报检查令》考证研究：马克思首篇政论文的历史背景及思想观念分析[J].国际新闻界，2011，33（9）：6-13.

脉与科学内涵，用陈先达的话说，对马克思早期思想发展过程的研究可以提高对马克思主义科学性的认识，并坚定共产主义的信念。[①]

总之，对马克思早期新闻自由论述进行唯物史观的再解读，一方面有助于破除在《评检查令》以及相关问题上一系列"去历史化"和"去政治化"的唯心论迷思，一方面有助于明确"以人民为中心"的社会主义新闻自由。正如习近平总书记于2016年2月19日在党的新闻舆论工作座谈会上指出的："任何新闻舆论都有鲜明的意识形态属性，没有什么抽象的绝对的自由。我们要认清西方所谓'新闻自由'的本质，自觉抵制西方新闻观等错误观点的影响。"

[①] 陈先达，靳辉明. 马克思早期思想研究［M］. 北京：中国人民大学出版社，2016：1.

科学性与革命性

——读《记者马克思》有感

2022年10月16日,党的二十大开幕。前一天,星期六,是我与研究生两周一聚的"沙龙"。其间,毕业留校的黄斐博士提到,她的博士论文《记者马克思》已经纳入清华大学出版社的"优秀博士论文"丛书,需要导师写篇序言。

黄斐,郑州人,2011年从郑州外国语学校保送清华大学新闻学院。大一时的作业发表在《青年记者》杂志上,后以年级第一的成绩毕业,并获得外文系第二学位。读书期间的其他荣誉还包括北京市优秀毕业生、清华大学优秀毕业生、全国"挑战杯"一等奖、首都"挑战杯"特等奖等。

研三确定读博时,她曾问我,入学前需要做些什么功课。我说,读读新版《马克思恩格斯选集》吧。于是,她潜心数月,啃下4000来页的大部头。然后,发来长长邮件,兴奋之情,溢于言表,说读书多年,第一次遇到如此深刻而通透的思想,名副其实"醍醐灌顶"。

也因此,后来考虑博士论文选题时,她欣然接受赵月枝教授的建议,研究记者马克思。论文适逢中国共产党百年诞辰之际答辩通过,并获得清华大学优秀博士论文奖。

为了研究记者马克思,2020年她作为全球50名青年之一,获得"德国联邦总理奖学金",赴哥廷根大学访学一年。哥廷根大学是欧洲名校,季羡林的《留德十年》记述了二战期间在此留学的经历。黄斐访学期间,一边突击德语,一边踏访伟人行止,请教各路方家,寻觅大小图书馆、档案室,搜集一手资料与文献,对记者马克思做了一次系统考察。

关于马克思与新闻,现有研究大多着眼于新闻思想,以及《莱茵报》《新莱茵报》等办报活动,而几乎不把马克思视为记者,即使偶或谈及,相对其新闻生涯与革命生涯也仿佛微不足道。确实,就"千年第一思想家"而言,记者马克思可以略而不计。而对于马克思的一生,以及开天辟地的唯物史观新闻观而言,记者马克思就如串起珍珠项链的丝绳。在他65年的人生中,记者是唯一并一生从事的职业,他的所思所想都离不开记者工作。有似毛泽东一生钟情于两个职业,一是记者,一是教员(黄斐的同学正在撰写博士论文《记者毛泽东》)。

通过黄斐的研究可以看到,马克思不仅创立了博大精深的科学理论体系,为解释世界、改变世界提供了强有力的思想武器,使全世界劳苦大众的自由解放以及每个人自由而全面地发展从千年梦想到具体实现有了可行路径,而且以敏锐的洞察、深邃的见地、非凡的才情,成为难以企及的大记者。在贯穿一生的新闻生涯中,马克思不仅留下一整套社会主义的办报经验和新闻思想,而且写下一大批非同凡响的新闻力作。

今天,我们从记者马克思汲取的营养同马克思主义精髓一脉相承,用列宁的精辟概括来说,记者马克思同马克思主义一样,都是科学性与革命性的统一。科学性体现在记者马克思对新闻的把握上,即唯物史观的认识论和方法论,包括依据事实描写事实而非依据想象描写事实(如编造人名、地名并美其名曰保护当事人),在事物的有机运动中揭示真相与本质而非胶柱鼓瑟于孤零零的现象以及一个个要素如新闻价值、热情维护人民自由精神的千呼万应的"喉舌"。革命性体现在记者马克思为了"代替那存在着阶级和阶级对立的资产阶级旧社会"(《共产党宣言》),而同资本主义旧世界及其新闻业不屈不挠的伟大斗争中。

应该指出，时下有种现象俨然背离科学性与革命性的统一：仅仅专注于、着意于科学性一面，忽略甚至回避革命性一面。触目所见的各路文章、著述、论坛、报告等，空谈义理，坐而论道，而对显而易见的矛盾、问题及乱象，或视而不见，或作壁上观，特别是面对甚嚣尘上的"美新观"，如专业主义、建设性新闻等，不敢、不愿或不会开展伟大斗争。至于"顺着说、围着转、绕着走"的"开明绅士两面人"，更使马克思主义及其"两个结合"中国化的新闻教育、新闻学陷入空转，宛若"云中的神啊雾中的仙"。

不妨随便做个调查，问问新闻院系博士生，有几人认真读过一遍《共产党宣言》，又有多少人醉心于四种理论麦克卢汉。推进中国式现代化及其新闻学自主知识体系，不是温室里的作业，而是面临百年未有之大变局，而且，越是趋近民族复兴，就越是遭遇艰难险阻与惊涛骇浪。不破不立，不塞不流，不破除以洋为尊、以洋为美、唯洋是从的殖民地半殖民地的学术心态，不批判林林总总的非马反马思潮，中国新闻学就难免纸上谈兵。

略述一二，可见一斑。

——众所周知，数千年来，无论经历几番风雨飘摇，遭逢多少山河破碎，有一点又叹为观止，这就是多民族、大一统的中华文明生生不息、绵绵不绝的生命力、凝聚力，而古埃及、古巴比伦、古希腊、古罗马、古印度等一一作古。相应地，中国新闻传播自古及今，也形成一脉源远流长的传统。这一传统在"两个结合"进程中，熔铸成以马列主义为灵魂、以新闻实践为骨架、以中国文化为血脉的新闻学，从而有别于资本社会及其利益集团唯利是图、钩心斗角、鸡飞狗跳、乌烟瘴气的新闻传统。这方面有大量问题值得研究，如潘祥辉的宣传论述。针对这一传统，李希光更把中国新闻学归结为光明新闻学：

中国新闻学或东方新闻学之所以是"光明新闻学"，而不像美国一路的"耙粪新闻学",与中国人的三大信仰体系密不可分:从儒家核心价值观看,就是隐恶扬善的仁义新闻学;从佛家观点看,就是摆脱内心贪嗔痴的去烦恼新闻学;从道家的宇宙观看,就是天人合一万物和谐的生态新闻学。

——全过程人民民主的落实方式,也在于人民作为主人翁而不是旁观者,积极主动创造性地参与新闻、文化与传播。无论是壮怀激烈的革命年代,还是愚公移山改造中国的建设时期,都在实践中留下丰富的遗产,是新闻学取之不尽、用之不竭的源泉。在价值混乱、舆论驳杂、众声喧哗之际,落实新闻传播的群众路线,更成为亟待解决的政治问题与专业问题。想当年,成千上万的工农兵通讯员活跃在新闻传播一线,如同轻骑兵、游击队,以富有烟火气、泥土味的朴实报道服务人民,推进中国式现代化,不少人后来也汇入主流媒体正规军、大部队,有的还获得范长江新闻奖,而如今不是硕士、博士,都难进主流媒体。

20多年前,新华社社长郭超人曾谈到新华社的一些硕士、博士,工作几年拿不出一篇像样的稿子。这种情况如今有过之而无不及,新闻博士不会写新闻已不是新闻,就像医学博士不会动手术而只会发论文。此类问题也怨不得学生,看看新闻学界失其魂魄、新闻教育五色无主就明白了。说起来新闻教育成为专门研究,为其他学科所未闻,何曾有法学教育、社会学教育、经济学教育。然而,放眼望去,一方面是独树一帜的研究,另一方面又是尘土飞扬的现状。如今看来,新时代新闻教育也必须拨乱反正、返璞归真,回归共产党新中国的初心,举其大要有四点:一是过硬的马克思主义理论功底;二是广博深厚的文化底蕴;三是实事求是的调查研究本领;四是高超的采写能力,融媒体的核心能力也在于此。概括起来,就是记者的四力,即脚力、眼力、脑力、笔力。

——伴随中国的和平崛起以及复杂尖锐的国际斗争,国际传播自然也颇受关注。但总体看来,这方面貌似一边狼烟动地,一边浮辞泉涌。比如，马克思对资本主义的经典论述、列宁对帝国主义的深刻分析、毛泽东对三个世界以及中间地带的精辟论断，本应成为国际传播及其研究的主心骨、方向盘、撒手锏，但在主流学术中却边缘化，偶或提及也如虚应故事。同时，新潮学说前呼后拥，如大而无当的"形象"、巧言令色的"公关"、言不及义的"故事"，而其中最唬人的当数所谓国际接轨国际化。

穷根究底，国际原指国与国之间的关系，引申开来指所有国家。提倡国际化本应在于广泛吸取人类文明成果，推进我们的科学研究与学术思想。然而，如今所谓国际无非指欧美，甚至就是美国，国际化其实就是欧美化或美国化。如"国际期刊""国际会议""国际学会"，十之八九不过是美国期刊、美国会议、美国学会。与之相对，随着国际接轨国际化铺天盖地，马列道统的"国际主义"已然笑渐不闻声渐悄。国际主义国际化貌似都倡言国际，但此国际，非彼国际，犹如李逵与李鬼，一者同马列的共产主义与中国的天下大同血脉相连，一者同殖民主义、资本主义、帝国主义的血腥历史一脉相通。

除了理论，"五史"同样关乎国际传播及其研究的成败与水平。应该说，对国际传播及其研究，如今各方都很用力，上下也很着急，但往往如同已经点火而没有挂挡的车辆，马达轰鸣，原地空转。根源除了主流学术思想的五迷三道，也在于对党史、新中国史、改革开放史、社会主义发展史、中华民族发展史及其新闻传播缺乏系统全面的认知认同。比如，按照学术流行语，新中国前30年一塌糊涂，新闻传播同样乏善可陈。然而，恰在大人先生打入另册的时期，新中国新文化的感召力与影响力却达到空前水平，我们的朋友遍天下，包括西方国家的人民与知识精英。其中，也离不开一系列卓有成效的传播或宣传，达拉斯·斯麦兹（也译作斯迈思）、罗杰斯等人的理论就得益于他们对这一时期中国实践的调研。

而作为反面教训，20世纪80年代后泼洗澡水的时候，把孩子也一并倒掉了，结果自废武功，步步被动，一度只能以尾随者的姿态跟着美西方亦步亦趋。毛泽东说，所谓战略战术，无非两句话：一句是打得赢就打，打不赢就跑；一句是你打你的，我打我的。时下国际传播及其研究却仿佛你打你的，我也打你的，美西方怎么打，我们就怎么打，人家用传播，我们也用传播，人家不用宣传，我们也不用宣传，恰似日寇想打速决战，我们也跟着打速决战。痛定思痛，这些都是需要重新审视的，就像2023年《文化纵横》的专题反思：

> 改革开放以来，中国社会一方面继承了毛泽东三个世界理论的遗产，另一方面则放弃了无产阶级国际主义的世界观，全社会转向以发展经济为中心，对外关系也以发展为主轴，与南方国家从反帝反殖的革命伙伴关系逐渐转变为发展伙伴的关系。(《文化纵横》2023年第2期新刊手记)

令人欣慰的是，党的二十大擘画了社会主义现代化强国的蓝图，"三个务必"也把伟大斗争提到战略高度。当此时，黄斐的博士论文出版，既对新闻学自主知识体系的建设有所启发，也对新时代新征程牢牢把握马克思主义的文化领导权，以伟大斗争推进伟大事业提供了又一学术利器。

建设性新闻之辩*

近年来，源于丹麦的"建设性新闻"一说在中国新闻学界日入日深，不仅成为一个热词，而且通过专著专刊、学术会议、课题研究和培训课程，俨然形成某种学术新潮[1]。其间，有试图用建设性新闻框架囊括中国共产党与共和国的新闻业及其发展路径者，有面对现实问题特别是数字技术触发的媒体困境与新闻失范而寄希望于建设性新闻引领中国的新闻实践与未来媒体转型者，更有将建设性新闻作为某种总体性方案以回应新时代对11门支撑性学科之一的新闻学及其学科体系、学术体系和话语体系的建设命题者。对此，已有学者提出不同质疑：建设性新闻在西方的理论影响范围和实践范围均有限[2]；概念本身存在结构问题和理论风险[3]，在实践中其价

---

* 本文源于清华大学2021年博士生课程"新闻传播与社会变迁"的专题讨论，由丁远哲、王达、刘宣伯和张立榕分工起草，由主讲教师通稿并定稿，并得到赵月枝教授和王君超教授的悉心指点。首发于《人民论坛·学术前沿》2021年9月合刊，收录时有删改。

[1] 王辰瑶. 论"建设性新闻"适用性与可操作性[J]. 中国出版，2020（8）：15-19.

[2] 详见常江，田浩. 建设性新闻生产实践体系：以介入性取代客观性[J]. 中国出版，2020（8）：8-14. 郭毅. 建设性新闻的认识误区与学理再反思[J]. 西南民族大学学报（人文社会科学版），2021，42（3）：155-160. 刘自雄. 范式转换抑或东西合流？——探析欧美建设性新闻运动的理论身份与价值[J]. 现代传播（中国传媒大学学报），2020，42（11）：46-52，77.

[3] 详见胡百精. 概念与语境：建设性新闻与公共协商的可能性[J]. 新闻与传播研究，2019，26（S1）：46-52. 漆亚林，刘静静. 建设性新闻的生成逻辑与现实困境[J]. 新闻与传播研究，2019，26（S1）：106-113.

值主张时而遭遇困境①；这种引介如不结合现实、"不加审视的移植"，反而妨碍中国新闻学和新闻业的健康发展②；我们应当注重马克思主义语境下的"建设性"及其实践价值③，坚守以人民为中心的新闻理念④等。这些反思都是必要的、清醒的、有益的，本文拟对此做进一步的探究与辨析。

一、概念及其流转

尽管有人把西方新闻理论中的建设性源流，追溯到100多年前美国报业巨头普利策的"行动新闻"⑤，但作为一种学理思考，建设性新闻则属于当下概念。按照史安斌等研判，西方兴起的建设性新闻，是解决当下西方报道困境的新范式，作为冲突报道和负面新闻的一种平衡策略，继客观性新闻对19世纪党派新闻的纠偏之后，成为西方新闻范式面临的第二次转型。⑥

---

① 如"介入性"和"客观性"的平衡问题。详见徐敬宏，张如坤."介入性"与"客观性"共生：建设性新闻生产实践体系研究——兼与常江教授商榷［J］.中国出版，2021（2）：20-26.
② 详见陈成.必要的连接：马克思主义新闻观与建设性新闻［J］.编辑之友，2020（6）：45-49.
③ 详见陈作平.论马克思主义新闻观中的"建设者"范式［J］.现代传播（中国传媒大学学报），2020，42（12）：29-33. 黄斐.建设性新闻的中国思路［J］.青年记者，2020（9）：17-19.
④ 详见邵鹏，叶森.疫情报道中我们需要怎样的新闻与新闻业：兼论中国建设性新闻理论的构建［J］.当代传播，2020（3）：46-50.
⑤ 详见 PETERSEN B P.Constructive journalism：proponents，precedents，and principles［J］.Journalism，2019，20（4）：504-519. AITAMURTO T，VARMA A.The constructive role of journalism：contentious metadiscourse on constructive journalism and solutions journalism［J］.Journalism practice，2018，12（6）：695-713. 史安斌，王沛楠.建设性新闻：历史溯源、理念演进与全球实践［J］.新闻记者，2019（9）：32-39，82. 郭毅.建设性新闻：概念溯源、学理反思与中西对话［J］.现代传播（中国传媒大学学报），2020，42（1）：72-77.
⑥ 史安斌，王沛楠.建设性新闻：历史溯源、理念演进与全球实践［J］.新闻记者，2019（9）：32-39.

2008年，丹麦广播电视台新闻部总监乌瑞克·哈根洛普（Ulrik Haagerup）为了回应新自由主义主导下的传媒市场化浪潮带来的冲击，提出用建设性新闻作为"公共新闻"的替代方案，以解决该台的转型压力与信任危机。[①] 其中，他尤其注重记者的介入姿态、积极的叙事风格和主动解决问题的导向等，详见下表：

建设性新闻与传统新闻的比较[②]

	突发新闻	调查新闻	建设性新闻
时间	现在	过去	将来
目标	速度	责难	启发
问题意识	何事？何时？	何人？为何？	然后？怎样？
风格	戏剧的	批判的	好奇的
角色	警察	裁判	促进者
聚焦	戏剧、冲突	恶棍、受害者	解决之道、最佳实践

这里，"积极"与"参与"是集中体现建设性理念的关键词[③]。所谓"积极"，指以正能量报道为主，给人以向上的力量，在揭露问题时注重提供解决方案；所谓"参与"，指媒体及其从业者不再置身事外，而是与其他社会成员一起共同行动，共筑美好社会与生活[④]。之后，哈根洛普在丹

---

① 唐绪军，殷乐.建设性新闻实践：欧美案例［M］.北京：社会科学文献出版社，2019：4.

② HAAGERUP U. Constructive news：how to save the media and democracy with journalism of tomorrow［M］. Aarhus：Aarhus University Press，2017：18.

③ HAAGERUP U. Constructive news：how to save the media and democracy with journalism of tomorrow［M］. Aarhus：Aarhus University Press，2017：18.

④ 唐绪军，殷乐.建设性新闻实践：欧美案例［M］.北京：社会科学文献出版社，2019：总序2.

麦奥胡斯大学创办建设性新闻研究所，推广其新闻主张，还出版了两本专著[①]。但就在第二本著作付梓之际，丹麦广播电视台发生了一系列违背职业伦理的事件[②]，他本人也卷入其中，不久宣布辞职，建设性新闻的初始方案昙花一现，无疾而终。

除了哈根洛普，建设性新闻成为欧美学界的新一波流行语，在五颜六色的理论画图中又添一道学术笔墨，则离不开凯瑟琳·戈登斯特（Catherine Gyldensted）和凯伦·麦金泰尔（Karen McIntyre）。2010年至2011年，戈登斯特曾在宾夕法尼亚大学攻读"应用积极心理学"硕士项目，受到"积极心理学之父"马丁·塞利格曼的影响[③]，2015年出版了《从镜子到推动者：建设性新闻中的积极心理学的五个要素》。她借助积极心理学的理论，确立了建设性新闻的核心价值和基本方法。同年，麦金泰尔完成博士论文《建设性新闻：新闻报道中积极情绪和解决方案信息的影响》，将建设性新闻明确为一种新的新闻类型。就是说，一个硕士，一个博士，加一个电视台记者，构成建设性新闻的原班人马。

在我国，麦金泰尔的博士论文被视为引介最多的文本，国内学者通过学术对谈与之建立密切联系[④]，一些访问学者的推介也发挥作用[⑤]。2015年以来，新闻学界开始跟踪相关动态[⑥]，有的高校成立专门机构，有的研究院

---

① 分别是2010年出版的《建设性新闻学》与2017年出版的《建设性新闻：如何用明天的新闻挽救媒体与民主》。
② Nyhedsdirektør Ulrik Haagerup stopper i DR efter en række kritiske sager [EB/OL]. (2017-03-02) [2017-04-02]. https://politiken.dk/kultur/medier/art5855205/Nyhedsdirekt%C3%B8r-Ulrik-Haagerup-stopper-i-DR-efter-en-r%C3%A6kke-kritiske-sager.
③ 刘自雄. 范式转换抑或东西合流？——探析欧美建设性新闻运动的理论身份与价值 [J]. 现代传播（中国传媒大学学报），2020，42（11）：46-52，47.
④ 韩德勋. 重访建设性新闻：概念特征、中西语境与现实意义 [J]. 新闻界，2021（5）：78-85，94.
⑤ 晏青，麦金泰尔. 建设性新闻：一种正在崛起的新闻形式——对凯伦·麦金泰尔的学术访谈 [J]. 编辑之友，2017（8）：5-8.
⑥ 例见唐绪军，殷乐. 西方媒体"好新闻"的实践、理论及借鉴 [J]. 对外传播，2015（11）：26-27. 杨建宇. 基于方案的新闻：一种建设性实践（接下页）

所在"公共传播时代的新闻实践研究与传播理论创新"项目下推进一系列同建设性新闻和互联网治理相关的研究。依据此类"创新项目"的阶段性成果,建设性新闻引入中国被视为有助于探寻主流媒体(人民日报、新华社、中央广播电视总台等)在新媒体环境和所谓公共传播[①]时代的发展方向,可以使中国的建设性经验与西方理论案例共振、互鉴,从而发展具有中国特色的社会主义新闻学[②]。

沿此思路,建设性新闻被赋予"我们这一代人的新闻业"之愿景[③],在媒体融合、公共治理、国际传播等研究领域相继亮相,承担了主流媒体转型发展并桥接中西方新闻理论的使命,仿佛默认建设性新闻同中国道路及其新闻实践具有天然的亲近性与内在的耦合性。从2019年起,重要新闻学刊先后推出专刊,相关研究持续增长,有的新闻院系在研究生入学考试中也增加相关内容。可以说,建设性新闻已经被视为探求中国新闻业与新闻学发展方向的重要出路,以至呈现出为中国新闻业发展奠定总体基调的趋势。

这里需要提出的问题是,在我们开启全面建设社会主义现代化国家新征程以及构建中国特色与普遍意义的学术话语之际,建设性新闻的目标和价值即所谓"建设性",同党的新闻事业的性质、宗旨、原则等有多大关系,有什么关联?在一百年来的革命、建设、改革语境下,究竟怎么理解

  [J].编辑之友,2015(7):67-70.此外,2014年,张艳秋在国际会议"中国与非洲:传媒、传播与公共外交"中发表一篇英文论文,借用"建设性新闻"概念来阐释中国媒体在非洲的传播实践。

① 关于公共性以及相关的公共传播、公共领域、公民新闻、公民社会等概念,与我们讲的党性以及人民性、人民主体、以人民为中心、人民社会等概念的理论问题,宫京成在博士论文中已做出实事求是而不乏深刻的全新阐述,见宫京成.党性与公共性再认识[M].郑州:河南大学出版社,2021.

② 唐绪军,殷乐.建设性新闻实践:欧美案例[M].北京:社会科学文献出版社,2019:总序2-3,绪论7.

③ 唐绪军.建设性新闻与新闻的建设性[J].新闻与传播研究,2019,26(S1):9-14.

"新闻"与"建设"等问题？又如何建设中国特色与普遍意义有机统一的新时代新闻学？

二、历史伟业与中国新闻业

2021年是中国共产党成立100周年，回望历史，深切领会不忘初心、牢记使命之际，有两句话尤其意味深长。一句是《共产党宣言》的结束语："无产者在这个革命中失去的只是锁链。他们获得的将是整个世界。"一句是毛泽东的名言："十月革命一声炮响，给我们送来了马克思列宁主义。"可以说，100年来，中国革命与中国共产党就是在这样一脉历史大潮中，摧毁了旧世界，开辟了新天地。习近平总书记在庆祝中国共产党成立100周年大会上的讲话掷地有声："中国共产党为什么能，中国特色社会主义为什么好，归根到底是因为马克思主义行！"

历史表明，中国共产党在带领亿万各族人民实现中华民族伟大复兴的历史征程上，始终高举马克思主义的旗帜，不断涤荡一个旧世界，同时不断建设一个新世界。这里的"建设"是有明确社会理想和政治方向的词语，是前进性与曲折性相统一的辩证过程，而不是只求量变、不求质变的线性堆积，内涵包括革命、建设、改革以及构建人类命运共同体。这既是中国历史上开天辟地的壮举，也是人类历史上改天换地的伟业。过去100年，中国社会发生翻天覆地的变化，世界格局在国际共产主义运动以及各方进步力量的不懈奋斗中也发生巨大变革。而这一切无不源于马克思恩格斯《共产党宣言》的思想宏愿、科学理论、远大理想："代替那存在着阶级和阶级对立的资产阶级旧社会的，将是这样一个联合体，在那里，每个人的自由发展是一切人的自由发展的条件。"[1]

也正是在这一契合着中华数千年大同理想的"主义"感召下，一代代中国共产党人以及一批批仁人志士前赴后继、英勇奋斗，为有牺牲多壮

---

[1] 中共中央马克思恩格斯列宁斯大林著作编译局. 马克思恩格斯选集：第1卷[M]. 2版. 北京：人民出版社，1995：294.

志，敢教日月换新天，把一个积贫积弱、凄风苦雨的旧中国，变成了一个屹立于世界东方的新中国，并一步步建设成一个繁荣富强的社会主义国家。正如习近平总书记所言："中国特色社会主义是党和人民历经千辛万苦、付出巨大代价取得的根本成就，是实现中华民族伟大复兴的正确道路。我们坚持和发展中国特色社会主义，推动物质文明、政治文明、精神文明、社会文明、生态文明协调发展，创造了中国式现代化新道路，创造了人类文明新形态。"[1] 同样，在革命、建设和改革的进程中，中国共产党与共和国的新闻业以及新闻学也形成一种新道路与新形态，即一整套具有中国特色与普遍意义的道统、传统与学统，如毛泽东在《论联合政府》中提出的党的三大优良作风——理论联系实际、密切联系群众、批评与自我批评。

众所周知，中国共产党的新闻业诞生伊始就离不开革命伟业，成为理论宣传和组织建设的前沿阵地。党的新闻事业的建设性，首先体现在服务组织工作和思想动员的各项现实斗争中。从为建党奠定思想基础、理论基础和组织基础的《新青年》《共产党》《向导》《热血日报》等，到根据地、解放区的机关报或理论报刊，广泛的动员与传播网络为"伟大的中国革命"创造了必要条件："党报不仅是一个集体的宣传者与鼓动者，而且是一个集体的组织者。"[2] 遵循马克思列宁主义的党报原则，以毛泽东、蔡和森、恽代英、瞿秋白、博古、陆定一等为代表的一批新闻理论家，结合中国实际与新闻规律，在不断摸索中创建了中国共产党的新闻事业与新闻理论。从这时起，新闻事业同党的其他事业一样，真正发展为一种"没有任何自己的特殊利益，从来不代表任何利益集团、任何权势团体、任何特权阶层"[3] 的最普遍、最广泛的人民事业。

---

[1] 习近平. 在庆祝中国共产党成立100周年大会上的讲话[N]. 人民日报，2021-07-02（2）.

[2] 中共中央马克思恩格斯列宁斯大林著作编译局. 列宁全集：第3卷[M]. 北京：人民出版社，1986：8.

[3] 习近平. 在庆祝中国共产党成立100周年大会上的讲话[N]. 人民日报，2021-07-02（2）.

党的思想建设、组织建设在不断自我革命中，也不断推动新闻业的革新与发展。延安整风运动标志着党的新闻事业与古今中外的"商人办报、文人办报、同人办报"等分道扬镳，而代之以崭新的、以人民为中心、全心全意为人民服务的新闻业与新闻学。与此同时，新闻工作者争当忠于人民、忠于党的新闻战士与人民公仆，成为立足大地的人民知识分子[1]，在做人民的先生与做人民的学生相统一、改造客观世界与改造主观世界相统一的过程中，实现自身革命化与无产阶级化[2]。锻造革命主体的政治目标和动员人民大众广泛参与的鲜明底色[3]，包括全党办报、群众办报、深入实际、不尚空谈、唤起工农千百万等，成为中国新闻史与世界新闻史上前所未有的新坐标。自此之后，党的新闻事业不断打破专业壁垒，新闻机构不再是一个独立的社会单元，其在革命中的作用，包括参与政治、军事、经济、文化等各项事业。若在这个基础上谈"介入"，实乃语义重复。

伴随解放的号角，延安的新闻火种播撒四面八方，形成燎原之势，新闻业作为文化战线最活跃的力量，投身于新中国的各项建设事业，涌现出一大批《谁是最可爱的人》《县委书记的榜样——焦裕禄》《万里神州驯水记》等新闻经典，一大批魏巍、穆青、郭超人式的新闻工作者。新中国70多年，新闻传播也成为一项重要的社会基础建设，发挥了提升人民素质、保障人民权利、塑造政治主体等不可替代的作用或"建设性"功能，形成了新闻业的新格局。一方面，国家通过广泛深入的扫盲运动、普及工农兵通讯员制度、遍及城乡的广播网建设，以及灵活运用基层读报组、工农兵写作小组、俱乐部、广播站、文化站等形式，不仅使人民群众的文化需求在最大范围得到满足，而且尽可能实现党的声音与群众诉求的互联互通。

---

[1] 向芬.范式裂变：延安新闻观的兴起［J］.兰州大学学报（社会科学版），2019，47（6）：61.

[2] 李海波.党报、列宁主义政党与群众政治参与：延安新闻业群众路线的运作机理分析［J］.国际新闻界，2018，40（3）：31.

[3] 王维佳."党管媒体"理念的历史生成与现实挑战［J］.经济导刊，2016（4）：29.

另一方面，作为新闻业发展能动要素的新闻工作者赓续延安传统，也不断实现从"创造者"到"工作者"的主体角色转换[①]，配合党的工作大局，回应建设新中国的历史召唤，以数不胜数的公开报道、调查报告以及内参等新闻形式，直接间接推动国家建设、政治决策和社会治理[②]。用清华大学博士、哥廷根大学访问学者黄斐的话说："马克思主义的新闻思想无疑具有鲜明的实践性，从而也体现了非同寻常的建设性。"[③]

虽然中国共产党与共和国的新闻业与新闻学难免经历种种艰难曲折，包括"左"和右的各种干扰，但在各个历史时期，始终统揽于以人民为中心的历史伟业，并凝聚成一脉相承的道路与道统。同时，这条道路包括新闻实践正如邓小平所言，也为"占世界人口总数四分之三的第三世界走出了一条路"[④]，一条不同于资本主义及其新闻业与新闻学的大道之行。事实证明，中国共产党领导中国人民"不仅善于打破一个旧世界，而且善于建设一个新世界"，党的新闻工作不仅是这一伟大进程的忠实记录者，也是积极参与者、切实推动者和不可或缺的建设者。换句话说，如果中国的新闻事业及其新闻工作者从来都不是高高在上的批评者、观察家或局外人，那么欧美的建设性新闻原本急于处理的结构性矛盾就无从谈起，它作为一套解决方案也自然难在中国立足。

总而言之，中国新闻业之所以具有突出的革命性、实践性以及建设性，说到底是同中国特色社会主义相伴相生、风雨同行。因此，新时代发展"建设性"的任何美好设想，都离不开这一历史主线，离不开中华民族5000年源远流长的文明史、中国人民近代以来180余年屡挫屡奋的斗争史、中国共产党100年艰苦卓绝的奋斗史、中华人民共和国70多年来正

---

① 路杨.从创作者到工作者：解放区"文艺工作者"的主体转换［J］.中国当代文学研究，2020（4）：1-2.
② 尹韵公.论中国独创特色的内部参考信息传播工作及其机制［J］.新闻与传播研究，2012，19（1）：10-13.
③ 黄斐.建设性新闻的中国思路［J］.青年记者，2020（9）：17-19.
④ 邓小平.邓小平文选：第3卷［J］.北京：人民出版社，1993：225.

道沧桑的发展史，以及其中蔚为大观的新闻与传播实践史，包括中国新闻学的道统、传统与学统。如果离开了这条思想脉络，所谓"建设"在中国便成了莫名其妙的概念：谁来建设？建设什么？为谁建设？

三、螺蛳壳里做道场？

同西方一波未平一波又起的新闻理论及其概念相比，建设性新闻与中国共产党和共和国的新闻实践看似不无重合，如强调积极情绪、提供解决方案、记者介入社会的姿态等。这也是一些学者引介建设性新闻的初衷，这一初衷无可厚非，建设性新闻从"术"的层面，对完善和发展我们的新闻业与新闻学也不无参考。然而，回归历史语境、新闻语境和政治语境，欧美一些人设想而非实际践行的建设性新闻在"道"的层面，同马克思主义新闻观包括实事求是、调查研究、正面报道为主、党和人民的耳目喉舌、推动人类进步事业等，完全不可同日而语。无疑，当前中国媒体与传播领域存在一些突出问题。一方面，很长一段时期，部分"自由化"媒体以新闻专业主义为旗，假舆论监督之名，明修栈道，暗度陈仓，不断加剧政治价值与新闻生态的扰乱，且不说虚假报道、作风浮躁、"勿忘精英"甚于"勿忘人民"等普遍问题；另一方面，新闻界一些官僚主义、形式主义、"两面人"、以权谋私等现象根深蒂固，正面宣传、正确舆论导向、人民群众主体地位等中国新闻事业的建设性内涵几被抽空。但这些问题的根本解决之道不在于祈求欧美包括建设性新闻，而在于立足中国大地，以人民为中心，方方面面真懂、真信、真践行马克思主义新闻观，同时切实解决各路"开明绅士两面人"等问题。

按照麦金泰尔等人的观点，作为欧美新闻界一种对冲突报道范式的替代方案或"救世方案"，建设性新闻继承了公共新闻的理论内核[①]。后者是

---

① MCLNTYRE K，GYLDENSTED C. Positive psychology as a theoretical foundation for constructive journalism [J]. Journalism practice，2018，12（6）：662-678.

20世纪八九十年代兴于美国，以新闻记者介入公共事务、寻求解决方案为基本主张的新闻运动，后期由于社交媒体广泛应用，还发展了"参与式新闻""公民新闻"等衍生概念[①]。无论是公共新闻，还是建设性新闻，抑或其他新闻主张，出发点与落脚点都不离也不可能背离资本主义道路及其新闻模式，核心都是将新闻事业作为私有制基础上的所谓独立机构，据此提出头痛医头、脚痛医脚的改良方案、参与路径、责任担当，以缓解新闻业及其公共性在资本为王体制下不断面临的、根深蒂固的危机，并在各种利益集团你争我夺、纵横捭阖之中，维护媒体的专业权威和专业壁垒，而无法跳出资本主义国家的总体利益结构。迄今为止的一切历史也无不表明，欧美新闻业及其新闻学只能小修小补，而无法解决自身的致命问题，从新闻专业主义到建设性新闻概莫如此。"对建设性新闻的追求成为西方新闻自我纠偏的一种努力，也说明既往的新闻范式已经不再灵验，无力推动解决现实社会中的各式各样的问题。"[②]因此，新闻专业主义的流行，挡不住《纽约时报》等集体鼓噪伊拉克所谓"大规模杀伤性武器"等弥天大谎（2021年普利策新闻奖还颁发给一家造谣新疆问题的网站）；建设性新闻的兴起，也挡不住BBC等公然造谣所谓新疆的"种族灭绝"。实际上，面对资本主义体制下的自由民主和新闻范式双重危机和各种改良方案，哈克特与赵月枝1998年就在《维系民主？西方政治与新闻客观性》一书中指出，这些改良和媒介民主化方案不仅会遭到既得利益精英的强力抵制，而且只有"作为更广阔（相互制约和构建的）社会转型方案才更有意义"[③]。

将建设性新闻的"积极心理学"导向，与"正面报道""舆论引导"

---

① 蔡雯，郭浩田.以反传统的实践追求新闻业的传统价值：试析西方新闻界从"公共新闻"到"建设性新闻"的改革运动［J］.湖南师范大学社会科学学报，2019，48（5）：125-127.
② 黄斐.建设性新闻的中国思路［J］.青年记者，2020（9）：17-19.
③ 哈克特，赵月枝.维系民主？西方政治与新闻客观性［M］.沈荟，周雨，译.修订版.北京：清华大学出版社，2010：179.

等类比，进而谋划中国新闻学及其学科体系、学术体系和话语体系的总体方案，既似是而非，又势必误导新时代新闻学的守正创新方向。积极心理学本是回应以研究心理障碍为目标的"消极心理学"及其造成的对人类积极品质的认知缺陷，旨在培植"人性中的优点"，以治疗心理疾病、促进人的健康成长[①]。戈登斯特和麦金泰尔将积极心理学通过叙事、采访等五种技巧[②]用于新闻报道，也旨在表达积极情感、消解负面情绪[③]。换言之，建设性新闻的"积极"是一种心理状态，属于心理学范畴，如同心理疏导。而中国新闻业的"正面报道为主"，虽强调鼓舞人心、激浊扬清等，但由于奉行马克思主义"解释世界和改变世界"的宗旨，始终致力于家国天下的政治理想与人民群众的长远利益。所以，新闻舆论工作的首要关切是政治，所作所为，所思所想，无论"建设性"，还是"批判性"——批评报道、舆论监督等，均为政治家办报的题中之义。

播下龙种，收获跳蚤。由动因分析，欧美建设性新闻对积极情感的强调，也旨在解决自身推动的资本化、商业化、市场化等媒体困境与乱象，这里的"建设性"需联系其新闻实践的"破坏性"以及"暴露性""批评性"，如"扒粪""人咬狗""坏消息是好新闻"等传统方能彰显本义。从新冠疫情以来欧美主流媒体的表现，尤其是充满种族歧视与政治偏见的报道来看，建设性新闻的良苦用心显然不足以遏制这种破坏性，就像林林总总的类似新闻理论。与之相对，中国共产党领导的新闻事业，以建设社会主义、实现共产主义为历史使命，以"每个人的自由发展是一切人的自由发展的条件"为终极目标，归根结底在于打破建设性新闻等意识形态所维系的旧制度与旧秩序，建设一个光明的新世界包括人类命运共同体。就此而言，西方一些人设想的建设性新闻不仅在道义上与中国道路新闻业及其本质

---

① 苗元江，余嘉元.积极心理学：理念与行动［J］.南京师大学报（社会科学版），2003（2）：81-83.

② 五种技巧指"积极情绪"（positive emotion）、"介入"（engagement）、"关系"（relationship）、"意义"（meaning）和"成就"（accomplishment）。

③ 晏青，舒镱惠.建设性新闻的观念、范式与研究展望［J］.福建师范大学学报（哲学社会科学版），2020（6）：69-71.

特征格格不入，而且根本不在一个层次。换言之，建设性新闻在"术"的层面或为我们提供参考，而在"道"的层面则与中国道路南辕北辙、形格势禁。

了解西方新闻学术者不难理解，诸如建设性新闻等即使不说如过江之鲫，也如北洋时期的政府，你方唱罢我登场，城头变幻大王旗。公共新闻、参与式新闻、解决方案新闻、建设性新闻……仅看新世纪以来欧美新闻理论新概念层出不穷、不断翻新，虽将各种问题剖析得头头是道，但在现实困境面前往往穷于应付、疲于奔命。在日益内卷化或"内眷化"[①]的学术体制下，伴随后冷战时代新自由主义的盛行，市场规则进一步反噬学术研究，概念往往成了学者获利的终南捷径，围绕概念的逐新趋时迫使新生代不断跑马圈地，导致理论不断细分、快速迭代之际，内涵也渐趋狭窄，乃至沦为自娱自乐的学术游戏。

螺蛳壳里做道场，用西方自救不暇的学术概念包括建设性新闻为中国道路及其新闻业帛画前程，实践价值与理论意义究竟何在，不能不令人存疑。面对既缺乏中国新闻学历史与理论基础，又热衷于拥抱西方"最新"理论的年轻学子被"新潮""西潮"所误导，用建设性新闻等标准对中国新闻实践量化衡量的情景，不能不令人痛心疾首！好在嘈嘈切切错杂弹的"新潮""西潮"概念大多限于"学术圈儿"，对新闻宣传部门以及新闻媒体的实际工作往往形同虚设。同时，一批新生代学人及其守正创新研究，又让人看到新时代新闻学的正道沧桑[②]。

---

① 李金铨.传播研究的典范与认同［J］.书城，2014（2）：60-63.
② 例如：潘祥辉.宣之于众：汉语"宣"字的传播思想史研究［J］.新闻与传播研究，2018，25（4）：76-94，127-128.沙垚.社会主义与乡村：重构中国新闻传播学的起点［J］.全球传媒学刊，2020，7（3）：62-72.王洪喆.从"赤脚电工"到"电子包公"：中国电子信息产业的技术与劳动政治［J］.开放时代，2015（3）：34-48，5-6.王维佳.社会发展视角下的健康传播：重访20世纪"第三世界"的历史经验［J］.兰州大学学报（社会科学版），2020，48（2）：58-67.向芬.新闻学研究的"政治"主场、退隐与回归：对"新闻论争三十年"的历史考察与反思［J］.清华大学学报（哲学社会科学版），2018，33（1）：183-192，197.

四、以中国为问题，以中国为方法

建设性新闻舶来中国，流行东土，并非偶然，也非个案。在"四个自觉""四个自信"的新时代，新闻学界对舶来概念和理论依然热情高涨，始终乐此不疲，既有 200 年来"西学东渐"的背景，又有"四十年来家国"的气候。

众所周知，近代国人"睁眼看世界"，历经"中学为体，西学为用""西学为体，中学为用""西学为体，西学为用"等认识阶段。其间，一方面不断增广见识，开阔眼界，活跃思想，对世界大势与中国前途日益理解深刻、认识清晰，另一方面精神殖民等病灶在国事日蹙中也不免一步步加剧。虽然延安整风运动破除迷信、解放思想，为民族复兴确立了实事求是的最高法则，不唯书、不唯上、不唯洋、只唯实成为共识，"文化大革命"后又进一步确立了实践是检验真理的唯一标准，但中国道路与社会主义现代化进程又始终面临古今、中西问题，包括"普遍原理与具体实践相结合""古为今用，洋为中用"等。因此，体用问题自然挥之不去，西方对失去自信的部分国人更如梦魇一般的存在。近 40 年来，面向西方全面开放之际，西天取经更是名正言顺，从科学技术、管理模式、股票证券、市场运营等"做法"，到哲学思想、价值观念、精神文化包括新闻传播等"想法"，自觉不自觉地对标欧美，"以洋为尊，以洋为美，唯洋是从"的世界观、认识论自然弥漫开来。

在"创造了中国式现代化新道路，创造了人类文明新形态"的进程中，中国现代新闻业与新闻学也随着西潮不断发展，从而与西学在道与术、体与用等关系上同样剪不断理还乱。虽然延安时期确立了以马列主义为旗帜、以中国革命与中国共产党的新闻实践为根基的新闻业与新闻学，清除了旧中国遗留的西方资本主义新闻残余，但新闻领域的旧思想、旧传统、旧习惯不可能落花流水春去也，加之其中道与术、体与用的关系并非楚河汉界，新中国的新闻业与新闻学也难免不同程度遗留诸如此类的旧思想、旧传统、旧习惯，而且随着社会政治气候变化往往似曾相识燕归来①。所以，1982年美国冷战传播学大师施拉姆登上大陆横扫京沪，新闻学的"美学"被奉为科学，"中学"则被视为政治，也就不足为奇了。由此也开启了新闻学界一波未平一波又起的"以洋为尊，以洋为美，唯洋是从"，建设性新闻无非是又一波新潮。春花秋月何时了，"美学"知多少。数十年来，西潮新潮前赴后继、争先恐后，由于固守"西方理论"加"中国经验"的学术套路，一事当前，越来越难从实际出发，探究中国革命、建设、改革及其新闻业的历史与逻辑，而是不由自主地先听美国人怎么说，先看西方人怎么做，如邓小平改革开放初对"自由化"的批评："不分析、不鉴别、不批判，而是一窝蜂地盲目推崇。"②更要命的还在于，数十年对标"美学"及其学科体系、学术体系和话语体系的过程中，积淀雄厚并丰富多彩的中国道统、传统与学统一步步消解，并一步步陷入失语、失踪、失声。失语、失踪、失声的关键，是失去评判学术真善美的标准。如今，什么是"好"的学术，什么算"高大上"的理论，我们已经基本没有定义权、发言权，机制体制学术生态处处以西方标准为标准，视欧美评判为评判。无怪乎时下新闻学的核心期刊、博士论文、学术会议等"言必称希腊，死不说中国"③，"口不绝吟于六艺之文，手不停披于百家之编""记事者必提其要，纂言者必钩其玄""贪多务得，细大不捐"（《进学解》），"更有一种可笑的，肚子里原没有什么，东拉西扯，弄得牛鬼蛇神，还自以为博奥"（《红楼梦》）。暖风熏得游人醉，直把杭州作汴州。青年学子

---

① 比如，1957年新闻界的理论争鸣可以说也是在这一大背景下发生的。据张威教授最新考察研究，即使范长江，当年在《人民日报》也曾试图引介新记《大公报》的模式，结果遭到报社老同志的抵制。

② 邓小平.邓小平文选：第3卷[M].北京：人民出版社，1993：44.

③ 与此相对，另一种普遍情形与倾向同样使马克思主义中国化的新闻学陷入空转，即多谈理论，少谈实际；多谈历史，少谈现实；多谈应然，少谈实然；多谈理想，少谈问题等。

与学者想在学界安身立命，更是不得不遵循这一无所不在的明规则与潜规则。如此学风与学术，再同学术腐败、追名逐利、"开明绅士两面人"等问题相叠加，更使马克思主义中国化的新闻学陷入空转。虽然多年来上上下下一直倡导并力图结合中国实际，破除"党八股""洋八股"，但"美国普世理论"与中国特色实践的思路已经根深蒂固，撼山易，撼此难：

> 中国知识界长期以来尾随西方理论的习惯，让我们无法清晰且自觉地认识自身的历史和现实；学术生产的日益制度化、规范化虽然在学术界建立起基本的规则，让知识积累得以可能，同时却导致学术研究和写作越来越"八股化"，越来越远离正在发生的生活实践。这一切都在呼唤重拾朴素的文风和实事求是的学风，重建面向现实问题和自身历史文化的知识生产和公共对话机制。[①]

如前所述，在一些"术"的层面，我们并不否认西方理论包括建设性新闻的研究价值与借鉴意义，更不排斥中外学术交流与思想互鉴。在当今世界面临百年未有之大变局、各国新闻业无不面临重重困境之际，虚心学习他人理论，认真借鉴各方经验，包括第三世界的经验而不限于欧美甚至只是美国经验，乃是全面深化改革，实现新百年目标的必然要求。习近平总书记在哲学社会科学工作座谈会上也谈到，国外哲学社会科学所取得的积极成果，应当成为中国特色哲学社会科学的有益滋养，"不忘本来、吸收外来、面向未来"，才是发展中国哲学社会科学包括新闻学的人间正道[②]。与此同时，学习借鉴国外成果的前提是坚持马克思主义的主导地位，坚持实事求是的真理观和人民主体的价值观，立足中国大地，为人民著书

---

① 本刊编辑部. 中国共产党与中国社会主义："新发展阶段的理论创新"研讨会综述 [J]. 文化纵横，2021（3）：60-68.
② 习近平. 在哲学社会科学工作座谈会上的讲话 [N]. 人民日报，2016-05-19（2）.

立说。一句话，任何学习借鉴都应坚持以我为主，都不能忽略中国道路及其大本大源。习近平总书记在党的十九大报告中说道："大道之行，天下为公。站立在九百六十多万平方公里的广袤土地上，吸吮着五千多年中华民族漫长奋斗积累的文化养分，拥有十三亿多中国人民聚合的磅礴之力，我们走中国特色社会主义道路，具有无比广阔的时代舞台，具有无比深厚的历史底蕴，具有无比强大的前进定力。"[①] 如果说国人学习西方经历了以中国为问题、以西方为方法的中体西用，以西方为问题、以中国为方法的西体中用，以西方为问题、以西方为方法的西体西用，那么如今以中国为问题、以中国为方法随着中国崛起日益成为民族复兴的大势所趋。中国新闻业与新闻学的前景也寄托于此，包括大道之行以及实事求是、追求真理的认知品格，成千成万正心诚意、奋楫笃行的人民知识分子，就像甘惜分先生一生"立足中国土，请教马克思"。同样，对西方建设性新闻的观察、理解和分析，也应充分把握中国的历史文化与新闻实践，从革命、建设和改革的源流中，构建立足大地、面向世界的中国新闻理论。

---

① 习近平.决胜全面建成小康社会 夺取新时代中国特色社会主义伟大胜利——在中国共产党第十九次全国代表大会上的报告［N］.人民日报，2017-10-28（5）.

传播编

学术与政治：传播学哪儿去了

2018年是改革开放40周年，此时回顾中国传播学的历程别有意味。"却顾所来径，苍苍横翠微"，李白的诗句展现了一幅诗情画意的美景，而中国传播学一路走来并非到处莺歌燕舞，毋宁说更像《双城记》的开篇词：那是最好的时代，也是最糟的时代；那是智慧的年代，也是愚蠢的年代；那是信仰的世纪，也是怀疑的世纪；那是希望的春天，也是绝望的冬天；我们面前无所不有，我们面前一无所有；等等。

无论如何，蓦然回首，中国传播学已经老大不小，若以传播政治经济学家斯麦兹1972年访华为起点，则接近知天命之年，即便把冷战斗士施拉姆登陆中国作为标志，也将奔不惑之年。我从20世纪80年代开始接触传播学，不知不觉30多年了，弹指间白了少年头，今天回顾和反思中国传播学的历程，怎不感慨系之。不过，坦率说，我与主流传播研究已经渐行渐远，因其与心目中的真知真理渐行渐远。虽说这些年传播学界开始有所变化，一些方面已经取得突出进展，如即将付梓的"马工程教材"，如一些可圈可点的博士论文，至于赵月枝、吕新雨为代表的批判传播研究奋勇前行，更是成果斐然、影响广泛。即便如此，作为学科体系、学术体系、话语体系，中国传播学显然依旧是"以洋为尊、以洋为美、唯洋是从"，既没有三十而立，也没有四十不惑，离知天命好像还遥遥无期。

2016年，我在南京大学举办的传播思想史会议期间，谈到一个二十年目睹之怪现状，即政治逻辑与文化逻辑貌似越来越各行其是。这一问题同样存在于传播学领域。时下流行的"学术共同体"，何尝不是与"政治共同体"分道扬镳的遁词。如果说人民是共和国最大的政治共同体，那么，民心就是这个共同体最大的政治，毛泽东称之为全心全意为人民服务，习近平概括其为以人民为中心。以此衡量，传播学在学术与政治上的问题就不言而喻了。我在一篇书序中，以三位海内外传播学者的警言，谈及当下传播学的普遍问题：一是"不痛不痒"，一是"装神弄鬼"，一是"罗马在燃烧"。仅看每年批量产出的博士论文及其选题就可略见一斑了，而这一切无不关乎学术与政治。

关于学术与政治的理论问题，100年前韦伯曾经做过经典阐发，吕新雨的新作《学术、传媒与公共性》也有深入分析，对此我卑之无甚高论，而只想结合现实状况，谈谈实际问题。日前，中国科学院院士、经济地理学家陆大道痛陈中国学界迷信西方学术与标准，"贫于创造，贫于思想"：

> 论文数量和发表杂志的档次特别是 SCI 类的论文，成为部分学者衡量自己价值、地位的象征及自己拥有的资源。
>
> 将外国人的研究方向奉为自己的方向，研究领域、科学问题、研究思路等大都是从别人那里"引进"的。今天我们对 SCI 的迷信崇拜，甚至比西方人更有过之而无不及。
>
> 学者们热衷于各种各样机理的揭示，喜欢在微观世界里孤芳自赏。他们写了大量的科学论文，最后与国家社会经济发展关系甚少。
>
> 建国几十年来培养的为人民服务价值观以及兢兢业业、踏踏实实的精神，受到了严重腐蚀。专注与沉稳的研究精神差不多全丧失了。能踏踏实实做事的人越来越少了。
>
> 我们在科技领域搞了这么多"国际前沿"项目，是国际化了，还是被国际化了？以 SCI 为核心的论文挂帅，其客观结果是使我国的科

▶学术与政治：传播学哪儿去了

学事业逐渐脱离"中国特色，自主创新"的方向。

……

反思中国传播学，这些问题更为突出。对此，2008年改革开放30年之际有过反思，传播研究的学术自觉也由此萌发，但在日甚一日的所谓"国际化"旗号下（仿佛中国不在"国际"之中，就像钱锺书揶揄的"走向世界"——中国不在世界上吗），如今这种趋势变本加厉。辅仁大学法文系出身的台湾作家蓝博洲，谈起到访大陆传播学院的感受也是如此。一次，我们接待海外某学院院长一行，他们一边无奈感叹欧风美雨的学术霸权难以抗衡，一边寄希望于中国大陆学界依托中华文明自立自强，殊不知大陆"崇洋媚外"有过之而无不及。比如，招聘人才多以海归优先，评聘教授得去欧美一年，少待一天都不算数。再如，汲汲于英文发表，游走于欧美会议，除了常常为人作嫁衣，不知对中国传播学有多少实际贡献。

细究起来，我也难辞其咎，"与有荣焉"。想当年，自己曾撰文，侈谈"上帝的事情归上帝，恺撒的事情归恺撒"，认为学术与政治互不相干，传播研究理应守护学术象牙塔——其实不过是欧美学统道统，以学院派姿态同传播实践、现实生活、社会政治保持距离，说白了就是与中国道路各行其是。也因此，我对时下一些青年学者执迷不悟、迷途不返，抱有一定的同情与理解。不过，同情归同情，问题归问题。

吕新雨指出："传播学栖居在人文、社会、自然各学科与社会有机体的交汇处。"（《教育传媒研究》2018年第6期卷首语《传播在今天的意义与使命》）离开社会有机体或政治共同体，一切学术共同体及其学术都难免陷入不死不活的境地。同样，离开学术的有机介入，一切现代政治也势必苍白乏力。对现代世界来说，学术与政治已是水乳交融、密不可分，政治哲学家列奥·施特劳斯概括为政治的哲学化和哲学的政治化。

何谓政治？按照孙中山的说法，政是众人之事，治是管理，政治就是管理众人之事。孔老夫子说得更言简意赅："政者，正也。"政治属于正道沧桑、正大光明，固曰正心、诚意、修身、齐家、治国、平天下。只有正心诚意，才有正道沧桑。揆诸古往今来人类历史，如果说人是一切社会关系的总和，那么政治则是一切社会关系的纽带。离开政治，就无所谓社会，也就无所谓植根社会政治与社会生活的学术——究天人之际，通古今之变，成一家之言。

一次，清华博士面试之际，一位研究生被问及一个入门问题：请列举十部经济学著作。不料，考生举出一两部就卡壳了。老师问，为什么不提马克思的《资本论》呢？没想到学生回答：《资本论》不是经济学，而是政治经济学。这个回答堪称"去政治化"的一个典型。问题是，人类何时有过脱离政治的经济呢？离开政治以及社会生活，还有活生生的经济吗？当下聚讼纷纭的国退民进或国进民退，是经济还是政治呢？在中国文化传统中，经济、经济，就是经世济民，也就是说是关乎众人之事及其管理的政治，不讲经世济民的经济，不过是商人的生意经。同样，不讲经世济民的学术，即剥离社会政治与现实生活，也只能是"学术共同体"自娱自乐的游戏。渠敬东说得好：

> 好的社会科学，一要"讲理"，讲人们生活的道理……二要"动情"，人若没有感同身受的能力，没有与社会周围的感情连带，他怎么会尽可能地去包容这个世界呢？
>
> 只读书而没有生活的经验，会把人培养成一个意见世界的僭主，在抽象观念上傲视别人，与现实世界格格不入，最终把自己逼上绝路；只有生活经验而不读书，人就不会产生敬意和敬畏感，而是把自己的生命分割成鸡零狗碎的断片。只有把两者结合起来，才能成为有学识、有见地的"朴素的人"，对于古今中外的文明历程心存敬畏，对于柴米油盐的普通生活怀有亲切。
>
> 今天，"做学问"这件事变成了一个不动感情、没有内容的生产体系，一个形式化的、积累化的循环，每个人在其中醉生梦死，复制

这套系统。从这个角度来讲，我对学术发展一点儿不乐观。(《破除"方法主义"迷信——中国学术自立的出路》,《文化纵横》2016年4月号)

有则《伊索寓言》很有名，说古希腊有个人旅行归来，对人们炫耀自己在外地如何表现出色，在罗陀斯这个地方能够跳多远，连奥林匹亚选手都比不上。于是，有听众就对他说：你权当这里是罗陀斯，就在这里跳吧！如果中国传播学热衷于"去政治化"，既不关心马克思主义的人民政治，也不关心中华文明的天下政治，对以人民为中心、立足中国大地或麻木不仁，或不屑一顾，数十年如一日津津乐道"罗陀斯"，暖风熏得游人醉，客舍似家家似寄，那么最终在国家政治层面失踪，也就自然而然，不足为奇了。

总之，却顾所来径，作为学科体系、学术体系和话语体系的中国传播学，20岁不觉悟还有情可原，30岁不觉悟也勉强说得过去，但老大不小40岁再不觉悟就匪夷所思了。公木的治学经验就像针对当下中国传播学，也无异于为我们提示了未来所去径：

不拜神，不拜金；不崇古，不崇洋；不媚时，不媚俗；不唯书，不唯上。

知今而不知古，谓之盲瞽；知古而不知今，谓之陆沉；知中而不知外，谓之鹿寨；知外而不知中，谓之转蓬。视野必兼古今中外，基点当是今日中国。(《作诗·治学·为人——公木序跋选》前言)

世道人心——重思现代中国及其传播学

何谓传播学？按大道至简的理解或定义，传播学是探讨人类传播现象及其规律的学问。不言而喻，人类一切活动都离不开传播，少不了传播，曾子"一日三省"属于发生在自身的传播。"相看两不厌，只有敬亭山"，是人与自然万物的对话。"故人具鸡黍，邀我至田家。……开轩面场圃，把酒话桑麻"，是人际间的交往。至于现代传播活动，更是触目皆是、举世滔滔，看看"低头一族"就可想而知了。

传播活动，古今皆然。而研究传播成为一门学问与学科，则是伴随现代资本主义的兴起而出现的。因为，资本主义的市场扩张：全球拓展，导致人类信息空前涌流，促使社会交往空前活跃，形成《共产党宣言》论述的世界历史图景，用鲁迅的话说："无穷的远方，无数的人们，都和我有关。"于是，针对信息、传播与交往的探讨，也就自然形成了。特别是二战前后电子媒介的迅猛发展，现代传播更如大江东来，汹涌澎湃，新闻报道、广播电视、竞选演讲、商业广告、战争宣传、危机公关等，日益广泛地影响人类世界与社会生活。为此，新闻学、政治学、社会学、心理学、语言学等，尤其高度关注，纷纷展开研究，从而相互交叉，不断融汇，最终在美国形成一种专门的学科——传播学（communication）。

传播学及其兴起

传播学的兴起除了传播科技的直接作用，更值得关注的还在于现代世界的政治、经济、文化、社会、心理等背景。一个直接而明显的事实是，美国传播学的基本理论与研究方法、主要问题与学术关切等，无不契合二战前后美国社会的政治、经济、文化等演化脉络。2015年是世界反法西斯战争胜利70周年，二战期间，美国就有一大批政治学者、社会学者、心理学者投身宣传研究，许多成果为战后传播学在美国的形成奠定基础。再如，二战后的冷战更是极大推动了美国传播学进程，美国传播学奠基人施拉姆参与的《报刊的四种理论》就是冷战的产物。所谓四种理论，其实只是两种，也隐含着两大阵营的对峙，一种是"自由主义理论"，一种是"集权主义理论"。当然，传播学也不乏契合传播规律的科学内容，如议程设置、意见领袖等传播学概念如今都融入人们的日常用语。

上面讲的多是美国的情况，难道传播学只是美国的学问吗？当然不是。除了国际学界占据主导与主流的美国传播学，西方马克思主义传统的欧洲批判传播学也颇有声势。如葛兰西的文化霸权或文化领导权思想，法兰克福学派对资本主义异化问题的文化反思，英国的文化研究学派与传播政治经济学研究，福柯的话语权力思想、布尔迪厄的文化资本理论、阿尔都塞的意识形态国家机器等一批法国思想学说，以及哈贝马斯对公共领域的阐发等，这些学术理论无不对传播学的形成与发展产生深刻影响，对人类传播理论的贡献不在美国实用实证的研究之下。

不过，作为一门学科，传播学又不能不说是一门美国的学问，或源于美国的学问。虽然一般不这么明说，也不这么理解，但无不将美国传播学当作放之四海而皆准的普遍科学。所谓"国际接轨"，无非就是按照美国的理论、方法、思路等研究传播，发表成果。比如，中国的新闻传播院系有个习见现象，研究生的论文开题与答辩往往会问到：你的研究用了什么理论？而这里说的理论，实际上是美国某家某派的学说、观点等。假如你的研究没有以这样那样的美国传播学理论为依据，那么无论选题再有价值，也无论思路再有新意，研究再有水平，都好像不入流，甚至不合格。相反，如果照猫画虎、移花接木地与所谓国际接轨，即便是用众所不知的语言讲众所周知的常识，也是一等一的学问。这一状况与趋势，姑且称之为"趋美国化"。

中国全面引进与推进传播学或美国传播学研究，约在20世纪80年代初。尽管冷战正热的五六十年代，中国人民大学新闻系已将《报刊的四种理论》翻译出来，供内部批判，而80年代大规模展开的恰恰是施拉姆一路的冷战传播学，与此同时，欧洲传统的批判研究则门前冷落车马稀。其间，一个看似矛盾的情况是，美国传播学被视为客观普适的科学，而欧洲批判理论如传播政治经济学，则由于同马克思主义道统关联密切被视为非科学的意识形态。这一状况与趋势，就是常说的"去政治化"。去政治化有两类：一是不讲政治，不问政治，不关心政治；一是去掉一种政治，再讲一种政治，即所谓"去政治化的政治"。80年代以降的思想文化气候，既可见日渐远离政治的趋势，蔓延至今遂有"小清新""小确幸"一路政治冷漠，又不乏种种"去政治化的政治"。而无论如何，结果是趋美国化与去政治化在此汇流，渐渐构成今日传播学的总体格局，中国如此，他国亦然。

我们需要重新反思的，就是这种总体格局。三十年河东，三十年河西，今日的中国与世界既不同于30年前，更迥异于60年前。天翻地覆慨而慷，人间正道是沧桑。一方面，当初适应自身需要的美国社会科学包括传播学，由于陷入自娱自乐的内卷化，越来越失去思想的活力与学术的敏锐，就像华裔美国学者黄宗智批评的："今日美国一般的社会学、政治学系，对学生们要求的是首先建立所谓'理论'或模式，然后才做经验研究，这种认识方法的结果之一是模式堆积如山，绝大多数十分庸俗。"[①] 留

---

① 黄宗智. 经验与理论：中国社会、经济与法律的实践历史研究[M]. 北京：中国人民大学出版社，2007：545.

美传播学者李金铨在 2014 年一篇专业文章中的看法所见略同：

> 一九七〇年代，我初入研究院就读时，新闻系内部密集出现以下的"理论"：议程设置（agenda setting）、知识鸿沟（knowledge gap）、使用与满足（uses and gratifications）、沉默的螺旋（spiral of silence）、认知共同适应（co-orientation）、第三者效果（third-person effect）、涵化（cultivation）、框架和铺垫（framing, priming）、创新扩散（diffusion of innovation），等等。这些"理论"的生命力不等，有的一开始就有气无力，有的刚提出时颇有新意，但因为长期孤立使用，过劳而透支，很快呈现疲态。几十年后，我都快退休了，看过各种走马灯似的流行，抓住几个老题目不断再生产，固然资料累积很多，但见解增加几许？何况连这类"内部理论"也长久不见有人提出，而整个学科生态又满于划地自限，不作兴跨学科互动，其理论贫瘠的尴尬境况可想而知。坦白说，今天在美国有些大学博士课程，可以狭窄到从上述的"理论"选择一个题目，写一篇不痛不痒的论文，就可以拿到学位了。[①]

另一方面，更值得我们深思的是，这样一路传播学在整体思路上是否束缚了我们的学术想象力与创造力，对迅速发展、急剧变化的中国来说，其核心概念与基本理论是否足以有效地解释现实，更不用说有益地改变现实了。正如不止一位学者指出的，与其他人文社会科学相比，中国传播学已经无法与当代中国及其传播实践展开生机勃勃的对话。那么，原因何在呢？除了美国传播学自身的生命力萎缩、解释力下降等，关键恐怕还在于这套学术话语的理论预设与核心关切即使不说与中国社会大相径庭，至少也是颇异其趣。如前所述，美国传播学源于二战前后自身的一系

---

① 李金铨. 传播研究的典范与认同［J］. 书城，2014（2）：51-63.

列社会历史语境，由于尊奉资本主义市场经济、民主政治、自由主义美国梦等，更由于世界霸主的野心与地位，而形成一路特色鲜明的学术旨趣以及研究内容。如果说美国经济学的理论预设是利益最大化，政治学的核心关切是分权制衡，那么传播学的理论预设与学术关怀可否归结为实用主义的观念形塑呢？如政治传播的形象塑造、商业传播的品牌营销、文化传播的价值推广等，说到底都致力于实用哲学基础上对人的观念的影响与塑造。

既然如此，那么假如超越这一理论预设与核心关怀，以开放的学术视野、鲜活的问题意识审视中国社会及其传播，是不是能够发现全新的、被遮蔽的核心问题呢？如果说经济学的中国血统是经世济民，政治学是小康大同，文艺学是气韵意境，那么传播学的关键词可否归结为理想主义的世道人心呢？具体说来，自古及今，中国人的传播行为及其观念在个人层面讲求正心诚意与心平气和，在社会层面讲求将心比心与政通人和，在天下层面讲求心心相印与天下归心，这一切无不关乎人心或世道人心。厦门大学新闻传播学院教授陈嬿如有部著作《心传：传播学理论的新探索》，"心传"一语颇为传神地触及中国传播的核心旨趣。人类历史上，恐怕没有比中国人更在乎人心了，仅看流传不息的民谚俗语就可略知一二：足寒伤心，民怨伤国；屋漏在上，知之在下；兄弟同心，其利断金；大势所趋，人心所向；众志成城，众口铄金；人心不古，世风日下……从世道人心的视角入手，也许更能深切洞明地切入中国社会及其传播肌理，从而把握人间正道与传播正道。你看，飞将军的"桃李不言，下自成蹊"，诸葛亮的"鞠躬尽瘁，死而后已"，周恩来的"周公吐哺，天下归心"等，说到底无不在于正心诚意，他们的美名天下扬，并非源于刻意的传播，而是来自心悦诚服的倾心。而立足世道人心的中国传播与传播学，则在"礼不往教"之际，更着眼于心有戚戚焉的"接纳"，由此形成一种由近及远和而不同的传播生态，如心平气和、政通人和、天下大同——显然比观念形塑的传播与传播学包含远为丰富的人文社会历史蕴含。

重思中国传播学的四个维度

反思中国传播学也好，重构中国传播学也罢，归根结底无不基于中国社会的历史传统与文化逻辑，正如美国传播学无不基于自身历史传统与文化逻辑。因此，我们只有真正了解中国，才能明白传播何为，学问所在。那么，不妨扪心自问一下，我们是否了解中国或者说自己了解的是怎样的中国呢？历史的中国？现实的中国？发展的中国？问题的中国？城市的中国？乡村的中国？内地的中国？边疆的中国？影像的中国？想象的中国？宝马香车，夜夜笙歌，还是热血、辛劳、眼泪、汗水的中国？诸如此类，纷繁错综，横看成岭侧成峰，远近高低各不同。清华国学院2014年编辑出版了一本演讲录，包括五位国学院导师的学术报告，总题为《全球史中的文化中国》，从各自专业角度对中国历史文化进行了深入浅出的剖析。如果说《全球史中的文化中国》着眼于历史中国与文化中国的解读，那么2014年"中国好书奖"获奖图书《道路自信：中国为什么能》，则可谓对现实中国与政经中国的剖析，汇聚了15位具有战略思维的专家学者的访谈，如曹锦清、史天健、王绍光、张文木、金一南、林毅夫、胡鞍钢、潘维……这些剖析解读虽然各抱地势、取舍万殊，但都有一个大写的中国，借用许纪霖等的话说："什么是现代中国，这一被认为是过于宏观和空疏的大问题，需要再次提出来引起我们的思考。任何一个微观的研究，都要借助某种宏观的知识背景，即使不研究宏观问题，也总是会自觉或不自觉地依赖于某一个或几个理论预设或者框架背景；而任何一个微观领域的研究，其真实的意义也只能放在宏观的知识背景里面才能获得理解。"[①]

我们知道，中国是一个历史悠久、人口众多、内涵丰富的国家。怎么认识中国，了解中国，把握中国，人们往往也像盲人摸象各执一端。对

---

① 许纪霖，刘擎.何谓现代，谁之中国？——现代中国的再阐释［M］.上海：上海人民出版社，2014：3.

此，毛泽东的一篇经典文章《论十大关系》，提供了一种哲学认识论的思路与方法。也就是说认识中国特别是现代中国，离不开十个相反相成的关系或相辅相成的矛盾，中国特别是现代中国从哪里来，往哪里去，就取决于这十大关系或矛盾，原文的表述是重工业与轻工业、农业的关系；沿海工业与内地工业的关系；经济建设和国防建设的关系；国家、生产单位和生产者个人的关系；中央和地方的关系；汉族和少数民族的关系；党和非党的关系；革命和反革命的关系；是非关系；中国和外国的关系。虽然十大关系及其表述如今不见得一一适用，正如马克思 100 多年前的具体提法如今不见得一一恰切，但十大关系中的认识论和方法论却依然是理解现代中国的"要领"。按照十大关系的思路与方法，重思中国传播学有四组关系尤为突出，构成不可或缺的思想维度：一是城市与乡村的关系，二是内地与边疆的关系，三是古代与现代的关系，四是中国与世界的关系。习近平总书记在同北京大学师生座谈时提到"国有四维，礼义廉耻"，"四维不张，国乃灭亡"。重思中国传播学也有四个命运攸关的思想维度，四维不张，学乃灭亡。

1. 城市与乡村

在世界几大文明体系中，中华文明的乡土色彩最为鲜明，先秦的耕战、千百年来的耕读传家与游牧经济、现代费孝通提出的"乡土中国"等，都可谓这一中华文明的突出表征。即使汉唐盛世、宋元明清出现了当时世界上罕见的国际大都市，长安、洛阳、汴梁、临安、金陵、北京等，也同样与乡土中国水乳交融，城乡始终存在一种有机互补的结构，就像《水浒》《金瓶梅》《红楼梦》以及"三言二拍"等明清小说中的生活图景。"昨日入城市，归来泪满巾。遍身罗绮者，不是养蚕人。"宋人张俞这首《蚕妇》，是孩童都熟悉的作品。且不论作品主题，仅看进城出城，家常便饭，就反映了一种自如的城乡关系。随着近代列强入侵，出现了一批半殖民地的条约口岸城市，打破了传统中国的城乡格局，一种新的城市文明不仅带来现代的一整套生活方式，而且由于这种新型城市更与全球资本主义体系相关联，即《共产党宣言》所言"它使农村从属于城市""使东方从属于西方"，从而同乡土中国的农耕游牧传统渐行渐远，中华文明由此遭遇数千年未遇之变局。城里人对乡下人的歧视，如"乡巴佬"等流行语，就是这一新型城乡关系习焉不察的例子。世纪之交的三农问题与当下新三农问题——农民工、失地农民和村落终结，也无不源于这一城乡结构引发的千年变局与百年动荡。从现代文学中，更可以直观地感受这一巨变：鲁迅的《故乡》，茅盾的《子夜》，老舍的《骆驼祥子》，萧红的《呼兰河传》，沈从文的《边城》，丁玲的《太阳照在桑干河上》，赵树理的《三里湾》，柳青的《创业史》，浩然的《艳阳天》，路遥的《平凡的世界》，刘亮程的《凿空》……北京大学青年学者贺桂梅在一篇近作中，论述赵树理的"乡村乌托邦"时更是尖锐指出：

> 新世纪中国的最大变化在于，它实际上已经成为一个"城市国家"。这个剧烈的城市化过程，是以乡村社会的停滞、破坏乃至崩解为前提的，因此世纪之交提出的"三农"问题才格外严峻。在新的城乡关系结构中，如何修复乡村社会并在传统社区基础上重建"公共性"，成为重要议题（黄平、温铁军等）。①

对城市与乡村的关系，如今上上下下越来越意识到其民族存亡、文明永续的意义。从每年的中央一号文件，到十八大以来着力推进的美丽中国——"望得见山，看得见水，记得住乡愁"，从习近平总书记的绿水青山就是金山银山，到他强调把中国人的饭碗牢牢端着自己的手中，都表明一种日渐明确的忧患意识，即中华民族伟大复兴的中国梦历史性、宿命性地取决于城市与乡村的有机关联。2015年中共中央政治局第二十二次集体学习的主题就是城乡关系，习近平总书记主持学习时说：要把工业和农业、

---

① 贺桂梅.赵树理的乡村乌托邦[N].中华读书报，2015-04-29（13）.

城市和乡村作为一个整体统筹谋划，……建立城乡融合的体制机制，形成以工促农、以城带乡、工农互惠、城乡一体的新型工农城乡关系。与此相应，近年来，一批传播研究成果也在城市与乡村的维度上纷纷展开，有些博士论文作出颇富新意的探讨。不过，传播学总体上还延续着20世纪80年代"新启蒙"的思想逻辑，这套逻辑在80年代末的电视政论片《河殇》里得到集中展现，片中用了不少诗意化的煽情句子，呼唤国人告别黄皮肤、黄土地的黄河文明，拥抱蔚蓝色的海洋文明，而核心意思无非一句话——全盘西化。与此同时，广大山乡也被当作愚昧、落后、封建、保守的东西遭到排斥和放逐，告别乡村，走向城市，告别中国，走向世界（西方），几乎成为现代性的集体无意识。受制于这套逻辑的中国传播学，正如赵月枝教授在《重构中国传播学》一文中的批评，不仅是西方中心主义的，也是城市中心主义的。

2. 内地与边疆

关于这对关系，毛泽东在《论十大关系》中有段话说得好，"我们说中国地大物博，人口众多，实际上是汉族'人口众多'，少数民族'地大物博'"。[①] 如果说城市与乡村的关系虽说恍恍惚惚，但还在视野之中，那么内地与边疆的维度则从人们意识中消弭殆尽了，只剩下类似萨义德揭示的"东方学"图景——遥远的、神秘的、传奇浪漫的、异域风情的。

清华大学国学院姚大力教授在《多民族背景下的中国边疆》演讲中，以超越现代性的宏阔历史视野，揭示了多民族统一国家的前世今生，从中华民族历史文化和中国国家建构的漫长过程中提炼了三个主题词：由南到北、由北到南、由东到西。所谓由南到北，是指史前人类从南方进入中国境内，在寻求生活资源的艰苦迁徙中不断分化、不断融合的历程："他们在全国各地留下了许许多多的史前文化遗迹，创造出一幅中国史前文化多头起源、多元发展，并在早期人类拓宽自身生存空间的过程中互相发生交

---

① 毛泽东选集：第5卷［M］.北京：人民出版社，1977：277.

互影响的灿烂画面。"[1] 这一历史进程约在公元前2000年，随着夏商周三代在中原的兴起而结束，中华文明也由此出现雅斯贝尔斯说的"轴心时代"以及文明的突破，有了定居农业，有了牲畜养殖，有了文字，有了城郭，有了诸子百家。公元后第一个1000年，华北或中原成为中国历史文化不断向前推进的动力所在，历史变迁的空间节奏开始从"由南向北"转为"由北向南"，如南北朝的人口大规模南迁，宋元时代的南渡与江南地区的开发。

不管是由南到北，还是由北到南，都是雨养农耕文明的拓展，主要分布于有名的胡焕庸线以东。胡焕庸线是以历史地理学家胡焕庸命名的，他从东北鸡冠上的黑河到云南的腾冲画出一条分界线，中华版图由此分为东西两大板块。这条线与300毫米至400毫米的年降雨量分界线走向一致，此线以东，年降雨量在300毫米至400毫米以上，以西在300毫米至400毫米以下。胡焕庸线又称黑河－腾冲线，也是农业与游牧经济的分界线，汉族农耕文明及其传播停在这条线上不是偶然的："把这根线叠加到中国各民族分布图上，就不难看出，在它以东，除去朝鲜族、壮族、侗族、傣族等其他几个农耕民族外，占绝大部分是汉族人口。在它以西，则是广大的少数民族聚居区。所以它也可以被大致看作汉族与其他少数民族分布区之间的划分线。"[2] 而将胡焕庸线东西两大板块融合起来，逐渐形成浑然有机的文明共同体，这一丰功伟业就不能不提到边疆少数民族，特别是自古以来各少数民族王朝对中华历史文化与中国国家建构的历史性贡献了。按照姚大力教授的分析，这就是公元第二个1000年间由东到西的历史过程：

> 把幅员广大的西部非汉人区域巩固地纳入统一的多民族国家版图，也就是历史中国的国家建构从东到西覆盖到今天的全部中国版图的任务，就历史地落在诸如元、清这样的少数民族王朝的肩上。

---

[1] 清华国学院.全球史中的文化中国[M].北京：北京大学出版社，2014：152.
[2] 清华国学院.全球史中的文化中国[M].北京：北京大学出版社，2014：159.

把过去几千年内中国国家建构的历史进程，理解为仅仅由内儒外法的专制君主官僚制这一种模式之起源、发展和演变所支配的看法，并不完全符合历史的事实。它实际上是由内儒外法的专制君主官僚制和以辽、金、元、清等政权为代表的内亚"边疆"帝国体制这样两种国家建构模式反复地相互撞击与整合的过程。如果没有满族、蒙古族和藏族等民族对创建中国多民族统一国家的贡献，就不会有今天这样版图规模的现代中国。

由于两种不同的国家建构模式相互整合的历史传统，中国的形成才可能与这个世界上几乎所有其他现代国家不同，不是诞生于旧式帝国的瓦解和分裂之中，而能够基本完整地将帝国时代的国家版图转换为现代中国的疆域。①

这里，边疆帝国模式对中华民族历史文化和国家建构的伟大贡献，不仅在于形成一种多元一体的文明格局，也就是美国政治学者白鲁恂说的，中国其实是一个民族国家伪装下的文明国家；而且在于提供了一种更具包容性的政治理念，如清帝国对满洲实行八旗制度，对蒙古实行盟旗制度，对中原实行行省制度，对西南少数民族实行土司制度，对西北回疆实行伯克制度，对西藏地区实行政教合一制度——是谓一国多制。可想而知，在这一系列因地制宜的治理模式中，蕴含着对不同生活方式与文化传统"发自内心的尊重"。② 新中国的民族区域自治制度以及处理港澳台问题的"一国两制"，追根溯源也都源于这一伟大的文明传统。这种传统既为中华民族生生不息奠定了必不可少的根基，又与内地汉文化的精神气质若合一契，正如在新疆生活工作10多年的王蒙所言："祖国各地，包括新疆、西

---

① 清华国学院.全球史中的文化中国［M］.北京：北京大学出版社，2014：160-165.
② 强世功.中国香港：政治与文化的视野［M］.北京：生活·读书·新知三联书店，2010：144.

藏等少数民族聚居区，文化上有着相当接近的追求与走向。其传统文化在总的方向上是一致的，比如敬天积善、古道热肠；尊老宗贤、崇文尚礼；忠厚仁义、和谐太平；勤俭重农、乐生进取等。"①

上述两个思想维度，对重思中国传播学有什么意义呢？简言之，如果缺乏城市与乡村、内地与边疆的思想维度，那么，就难免出现台湾新儒家徐复观当年反思国民党组织机构的致命缺陷时揭示的问题："横向不能到边，纵向不能到底。"②所谓横向不到边、纵向不到底，是指这套西方中心主义与城市中心主义的传播与传播学即使适用，也多限于东部地区，更关注北上广发达状况，包括网民、中产阶级、消费主义、商业文化、个人自由，甚至拜金主义、"普世价值"等意识形态迷思，而在广大的基层乡村与西部边疆则往往圆凿方枘。比如，香港的回归说到底是人心的回归，中华民族大家庭的平等、团结、和谐、友爱归根结底也在于人心政治，人类命运共同体更是同样离不开人与人的相亲、心与心的相通，这一切都无法指望去政治化的美国传播学理论提供灵丹妙药，更无法指望一些虚情假意、雕虫小技的传播技巧，而需要立足于中华文明的传播传统——正心诚意、将心比心、心心相印。

3. 古今中西的坐标系

以上重点谈了四维中的两维，城市与乡村的关系、内地与边疆的关系。下面再简单说说其他两个同样关系重大的维度——古代与现代、中国与世界。如果说城市与乡村、内地与边疆更体现了内生性关系，那么古代与现代、中国与世界则更蕴含着外在性制约。由于这两个关系维度及其相关问题有点老生常谈了，这里只需有针对性地提示一二。

古代与现代、中国与世界的问题，简言之就是"古今""中西"四个字，重思中国传播学也落在古今中西的坐标系，相信其他学科也不例外。社会学家、中国社会科学院学部委员景天魁说："在中国，中西问题与古

---

① 王蒙. 与边疆一起奔向现代化［N］. 人民日报，2014-07-07（5）.
② 转引自朱鸿召. 延安缔造［M］. 西安：陕西人民出版社，2013：403.

今问题是紧密联系的二合一的问题，这个问题是中国社会学不可回避的根本问题。"[1] 关于古今中西，有一点需要特别关注。如今说起中华民族伟大复兴的中国梦，要么祖述秦皇汉武、唐宗宋祖、一代天骄，要么心仪当下世界第二大经济体，以及各方人士乐观预期中国经济赶超美国的愿景，而对辉煌的古代如何崛起为当下不是王顾左右而言他，就是七嘴八舌、莫衷一是。换言之，我们对伟大的古代越来越感到豪情万丈，对崛起的当下越来越觉得理直气壮，而对由古变今的转化过程，具体说对鸦片战争以来，特别是中国共产党诞生、新中国成立以来的历史意味则好像越来越恍恍惚惚语焉不详。而恰恰这一点构成古今中西的命门，牵一发而动全身的关键，"群山万壑赴荆门"，这就是现代中国的"荆门"，没有这一点，群山万壑就像群龙无首了。

对此，宪法、党章固然有明确表述，一系列重要文献也有权威论述，习近平总书记"两个三十年"更是直指要害，然而，时下精英知识界及其影响的舆论场却日益弥漫着五光十色、乱花迷人的历史虚无主义。这里的虚无主要针对的，就是伟大的古代与崛起的当下之间的百年风云，特别是共产党、新中国的光荣与梦想，在此期间如果有什么值得一提的，除了晚清与民国，就好像只剩下不堪回首的一系列痛苦记忆——弯路、错误、灾难、浩劫等。此类叙事之荒诞离谱，无须证诸如山似海的历史文献，这里仅以沈从文的亲历经验为例就足矣。

1917年，沈从文年仅15岁，由于家道中落，投靠湘军，驻扎辰州，平日司空见惯的景象就是杀人，儿戏一般的杀人。《从文自传》记述道："白日里出到街市尽头处去玩时，常常还可以看见一幅动人的画面，前面几个士兵，中间一个十二三岁的小孩子，挑了两个人头，这人头便常常是这小孩子的父亲或叔伯，后面又有几个兵，或押解一两个双手反缚的人，或押解一担衣箱，一匹耕牛。"他在怀化镇驻了一年零四个月，眼看杀过

---

[1] 景天魁. 中国学术话语体系创新三部曲：费孝通先生的足迹 [J]. 探索与争鸣，2017（2）: 24-26.

700人。

1930年，胡适、徐志摩推荐沈从文去武汉大学任教。他一到武汉，就告诉胡适，住处不远有杀人场。在写给友人的信里也说："这里每天杀年青人，十九岁，十七岁，都牵去杀，还有那么年纪女子中学生。"他对武汉大学的描绘，同今日东湖樱花美景实在联系不起来："初到此地印象特坏，想不到中国内地如此吓人，街上是臭的，人是有病样子，各处有脏物如死鼠大便之类，各处是兵（又黑又瘦又脏），学校则如一团防局，看来一切皆非常可怜……每天到学校去应当冒险经过一段有各种臭气的路，吃水在碗中少顷便成了黑色。到了这里，才知道中国是这样可怕。"[①]

1938年抗日烽火中，诗人艾青写了一首诗《我们要战争——直到我们自由了》，今日重温也可以多少唤醒一点儿渐行渐远的历史记忆：

让我们流着眼泪

送走古老的中国

腐朽的中国

送走那

高利贷的

包身工的

学徒的

童养媳的

一切写了卖身契的奴隶的中国

不要怜恤让我们送走那

挤满了鸦片烟鬼的

走私的、流氓的

---

① 转引自张新颖.沈从文的前半生：1902—1948［M］.上海：上海三联书店，2018：25，100.

>军阀的
>
>官僚的
>
>汉奸的
>
>敌探的中国①

在他笔下，如同五四新青年、延安新文人共同认识的，"国家的独立，和人民的自由、幸福，不是由于祈祷获得的，而由于广大人民的鲜血，和一片被蹂躏得糜烂了的土地所换取来的。现代中国的建设的基础不是奠定在空想和梦幻的沙滩上，而是奠定在它的人民的英勇牺牲所表现出来的意志的花岗岩上的"。②

另外，正如国史学者李捷颇有洞见指出的，历史虚无主义之虚无还不在于虚无历史，因为流血流汗的历史、改天换地的历史、波澜壮阔的历史不可能真的化为一缕青烟，无影无踪，历史虚无主义本质上虚无的还是历史以及历史叙事中的价值，也就是共产党领导人民创立新中国，开辟社会主义道路的意义。③古今中西的关系维度如果模糊了这一关键性的历史与价值，就无法理解伟大的古代怎么成为崛起的当代，中华民族伟大复兴的中国梦就真成为前不着村、后不着店的空中楼阁。同样，模糊了这一关系重大的历史与价值，中国传播学以及其他学科，也就难免沦为惶惶不可终日的丧家之犬。一代俄苏文学大家高莽在晚年自述中，有一段精彩谈话也适用于此："20世纪的世界，有几个民族能像中国这样经受了那么多翻天覆地的变化，流了那么多的血和泪，为了新的国家的兴盛献出了那么多英雄儿女？这对于作为民族的喉舌、真理的声音的诗人来讲，是何其珍贵的财富！"④同样，对于作为民族的喉舌、真理的声音的传播者与研究者，这也

---

① 艾青.艾青精选集［M］.北京：北京燕山出版社，2012：73-74.
② 艾青.诗论［M］.北京：人民文学出版社，2013：63.
③ 李小佳.不能以猎奇的心态读党史：访中国社会科学院副院长、当代中国研究所所长李捷［N］.解放日报，2013-10-31（14）.
④ 高莽.高莽［M］.吴文川，整理.北京：社会科学文献出版社，2017：134.

是何其珍贵的财富。《中华读书报》曾经刊发陶东风的整版文章，最后一段结论文字尤其值得深思，"中国20世纪是一个革命（主要是社会主义革命）的世纪，而革命的最大遗产就是新中国的建立……相比于20世纪中国社会主义革命和实践的波澜壮阔、举世无双，20世纪和21世纪的中国文学相形见绌。其中一个重要原因，就是中国20世纪的革命史，特别是解放后的社会主义实践史的书写和研究，还存在很多不足。很多作家回避这段历史，穿越到遥远的古代或虚拟世界去寻找灵感；或者就是热衷于对当下中国消费主义的浅表化书写，而唯独避开既非遥远得虚幻、又非贴近得媚俗的共和国30年的历史。我坚信：如何理解和书写这段历史，无论是对一个作家个人，还是对整体的中国文学而言，都至关重要。回避这段历史书写，当代中国文学决不可能成就自己的伟大"[①]。同样，回避这段历史，中国传播学以及新闻学也决不可能成就自己的伟大。

梁启超先生曾将中国分为三段论：一是中国之中国，二是亚洲之中国，三是世界之中国。从古代的"中国之中国"一步步成为如今的"世界之中国"，关键正在于鸦片战争以来古今中西的凤凰涅槃。换句话说，如今我们所面对、所身处的中国，已是一个在古今中西的交互作用中浴火重生的新中国，就像五四新诗人郭沫若热切向往的凤凰涅槃的新中国。不管我们多么热爱传统文化，弘扬国学儒学，不管怎样尊孔读经，喜爱琴棋书画、汉字书法、唐诗宋词、四大名著、四大发明，我们都不能不面对一个显而易见的事实：祖先的荣光都已随风飘去，我们活生生面对的、身处的已是经过现代风雨洗礼的新中国、新文化。我们只能在历史给定的舞台上，建设新中国，发展新文化，包括新的学术思想。在这种新文化包括新的学术思想中，我们当然需要而且必须继承优秀的中国文化，需要而且必须扬弃优秀的他国文化，但所有这一切都不是为了成为古人，更不是为了成为外人，而是为了古为今用，洋为中用；百花齐放，推陈出新。一句

---

① 陶东风. 戏中人看戏：从杨绛《干校六记》说到中国革命的文学书写[N]. 中华读书报，2016-06-08（13）.

话，为了我们的新中国，为了我们的新文化。

拿传播学科来说，随着中国发展的历史进程，特别是"两个一百年"目标日渐逼近以及相应的文化自觉日渐凸显，如何在传播学科中体现中国人在传播理论与传播实践中的立场、观点与方法，改变传播研究亦步亦趋、唯人马首是瞻的总体格局已经成为大势所趋、人心所向。中国数千年幽远的文化传统，从诸子百家的传播思想，到因人而异、因地制宜等传播习俗，尤其是百年来中国道路的探索与实践，如马克思主义的传播、新文化新思想的深入人心、无产阶级文化领导权的兴衰起落、党性人民性的现代传播意识等，都在广阔领域留下丰富厚重的遗产。我们需要而且应该发掘自己的一切优秀基因，但目的在于发展繁荣现代中国的传播文化，而非陶醉于先人的荣光。同样，我们需要而且应该学习一切先进的传播理论与实践，不管是美国还是英国，也不管是俄罗斯还是加拿大，只要有益于我们的自主创新，都只管拿来，为我所用。而这里的关键在于以我为主，也只能以我为主，不能也不可能以古人为主、以外人为主。

传播学科有个说法叫本土化，对此我有点不以为然，而更愿意采用"中国化"的表述。因为，本土化预设了一个高高在上的东西——往往是美国的东西，而这个东西一出生就好像具有不言而喻的普适性，无可置疑的真理性，人们只需结合各自不同的本土实际，将这个居高临下的东西转换成各种各样本土化的东西，这就是本土化及其实质。实际上，稍微追问一下就明白，美国传播学不是本土的吗？不是根据本土实践而生成发展的吗？离开美国本土，这些东西从哪里来呢？马克思恩格斯一段精彩论述，对我们理解所谓本土化问题尤有启发，他们在批评德国哲学家搬弄法国的社会主义文献时写道：

> 在这种著作从法国搬到德国的时候，法国的生活条件却没有同时搬过去。在德国的条件下，法国的文献完全失去了直接实践的意义，而只具有纯粹文献的形式。它必然表现为关于真正的社会、关于实

人的本质的无谓思辨。①

结　语

中国传播学是20世纪80年代从全面引进美国传播学开始建构的，在其学习阶段难免亦步亦趋，而如今无论美国传播学还是中国传播学都面临危机，需要全面反思与重构。基于对中国社会与历史文化的理解，特别是城市与乡村、内地与边疆、古代与现代、中国与世界的关系维度，我们应该首先思考与明确中国传播学的理论预设与核心关切。为此，这里尝试提出世道人心的命题作为一种考虑，包括个人层面的正心诚意、社会层面的将心比心、天下层面的心心相印。这样一脉传播传统致力追求的不是高高在上的改变观念，而是多元一体的心平气和、政通人和、和而不同。这也许是中国传播学大道之行的方向。

---

① 中共中央马克思恩格斯列宁斯大林著作编译局.马克思恩格斯文集：第2卷[M].北京：人民出版社，2009：57-58.

四十年，五十年，何日是归年

1995年盛夏，第四次中国传播学研讨会在成都召开，我从郑州登上绿皮火车，同北京出发的中国社会科学院新闻所明安香、陈力丹、王怡红等同人会合，入关中，过秦岭，攀蜀道，其情其景恍如昨日。没想到，此后再无缘这个全国首屈一指的传播学平台，直到2022年夏季，受邀参加苏州大学举办的第十五届中国传播学大会暨中国传播学40周年纪念大会并发表演讲。如果我能忝列中国传播学的一介后学，那么，但见前辈老人一个个遽归道山，同辈老友一个个淡出江湖，树犹如此，人何以堪。

也就在2022年开春时节，新时代传播学研讨会针对早先传播学的十六字方针，形成新时代的新十六字方针：守正创新、融通中外、根植实践、引领时代。这里，我就围绕传播学的学科体系、学术体系和话语体系及其"转型升级"问题谈点感想，与其说审视中国传播学的小路、大路与出路，不如说反省自己走过的弯路，并向这个学术平台惜别。

科学方法论证废话

我在准备本次大会演讲时，看到中国社会科学院新闻所最早一批研究生熊蕾老师讲的一个故事，深有同感：

十几年前（大致相当于改革开放三十年反思传播学之际），一位从美国回来的博士跟我一起听论文答辩。我是临答辩前一天才收到其中三篇论文。校方的意思就是都得过，否则不给过的老师比答辩学生还麻烦。那就过呗。偏偏那博士还要给她指导的一篇论文以优秀，讲中国青春偶像电视剧如何才能超过日剧韩剧。学生只研究了一部电视剧，然后按套路写了理论方法一堆八股，最后的结论是，青春偶像剧要想成功，首先要有好的演员，其次是编剧，再次是导演。我说，这不都是废话吗？怎么优秀了？过就行了。那博士说：熊老师你不懂，我们写论文，就是要用科学的方法论证在你们看来是废话的东西。

确实，如今汗牛充栋的传播学论文，包括貌似"高大上"的国际会议、国际期刊，有多少不是在用科学方法论证废话。刚刚过去的答辩季，想来各方又经历一轮煎熬，一方面从本科生到博士生，不管水平如何，反正论文大多会过；一方面从选题到文本，又有多少不是在用科学方法论证废话，或者说在用西方理论敷衍中国现实？而不过或缓过的个别论文中，除了确有问题的，反倒可能见到真知灼见真问题。清华大学也曾出现类似情况，为此一向温文尔雅的老院长范敬宜第一次让人见识了他的声色俱厉。

面对二十年目睹之怪现状，我常常想起鲁迅先生的话——"救救孩子"。"孩子"包括青年学子与学者。人在屋檐下，怎敢不低头，眼看众生一茬一茬陷入内卷学术、异化学术，最后即便熬成教授、博导，荣膺这个学者、那个学者的头衔，但从追求真知、追求真理的角度看，从解释世界、改变世界的意义看，从藏之名山、传之其人的追求看，不知有多少能够心安理得，又同日益智能的机器人有多少本质区别呢？这里，有一点倒是众所周知：在用科学方法论证废话、用西方理论敷衍中国现实之际，在日复一日年复一年的机械化、程式化或所谓专业化操作中，传播学与酸甜苦辣的人间烟火相距遥远，与跌宕起伏的时代风云相看两厌，与为人民著书立说更是了不相干。

然而,"救救孩子"谈何容易。因为,多年形成的评价体系以及相应的体制机制就像皇帝的新衣,即便人人心知肚明,但又往往趋之若鹜,不得不奉命唯谨。于是,用科学方法论证废话无论怎样匪夷所思,但也只有顺着这条道儿走才可能顺风顺水、吃香喝辣。于是,一批批青年学子与学者不得不耗费青春年华,不断投入不痛不痒、装神弄鬼、云里雾里、自娱自乐的"学术游戏",不知不觉也成为轻车熟路的"学术玩家"。

用科学的方法论证废话,用西方的理论敷衍现实——这套学术流行语是怎么形成的?我从1986年参加第二次全国传播学研讨会,数十年下来感觉就像海涅说的:"播下龙种,收获跳蚤。"但是,认真反思,扪心自问,如果说种瓜得瓜、种豆得豆,那么,也许开始播下的就不是龙种而是跳蚤。龙种还是跳蚤,也涉及此次年会的主题词:中国传播学40年还是50年。这个问题绝非一个学术史的考据问题,而是关乎学科方向与定位的根本问题。

两个人物,两个节点

说到中国传播学,流行叙事是把1982年"冷战斗士"施拉姆及其香港弟子来华,一路北上,播撒冷战传播学种子视为缘起,迄今40年。而遵循马列主义与中国道路的叙事,则把尼克松访华同年即1972年,一代马克思主义传播学家斯迈思"不远万里,来到中国",研究社会主义道路及其传播实践视为人间正道传播学的中国元年,迄今50年。两个人物,两个节点,代表着两条传播学进路:一条通着资本主义与国际化即美西化,一条通着社会主义与国际主义即人类命运共同体。

由此可见,中国传播学40年还是50年,就不仅仅是个缘起问题,而是关乎中国道路及其传播研究何去何从的根本问题。50年前斯迈思在中国的传播研究,既坚持马克思主义政治经济学的立场、观点和方法,又面向中国社会主义实践的艰辛探索与独立创造，由此提炼的一套既有中国特色又有普遍意义的传播理论，如意识工业、文化甄别、依附之路，与冷战传播学以及此起彼伏的时兴传播学迥异其趣。也正是由于施拉姆以来，我们一度自觉不自觉地拆除文化甄别的思想长城，美西方意识形态以及新闻传播各种理论才攻城略地，如入无人之境，各路大师包括施拉姆也乱纷纷你方唱罢我登场。20世纪80年代，邓小平反对自由化思潮时就曾批评过："对于西方各种哲学的、经济学的、社会政治的和文学艺术的思潮，不分析、不鉴别、不批判，而是一窝蜂地盲目推崇。"[①]

除了政治倾向，40年与50年也涉及不同的学术取向。首先应该说，中国传播学孜孜矻矻数十年，已经形成一套学科体系、学术体系和话语体系，没有功劳，也有苦劳；没有苦劳，也有辛劳。1984年我开始从教时，郑州最大的新华书店也找不到几本参考书，而今传播学著述早已盈箱累箧。其中，实事求是的研究不绝如缕，守正创新的成果时有所见，从而延续着人间正道的思想火种，传承着大道之行的精神血脉。特别是新时代以来，一批青年才俊守正创新，气象为之一新，如潘佼佼的农村广播网、张慧瑜的基层传播、王洪喆的人民无线电、盛阳的中苏论战、沙垚的乡村文化站等研究，"落木千山天远大，澄江一道月分明"。但从总体走势看，中国传播学又脱实向虚，形成一种"新四化"——美化、西化、八股化、玄虚化。如果说以施拉姆为标志的中国传播学倾心于脱实向虚，那么以斯迈思为象征的传播研究则致力于实事求是。脱实向虚的公式是理论—经验—理论，实事求是的公式则是经验—理论—经验。按贺雪峰的形象说法，前者是小循环，后者是大循环，小循环的路线是从书斋到田野再回书斋，大循环的路线是从田野到书斋再到田野。

脱实向虚还是实事求是，"躲进小楼成一统"还是"万类霜天竞自由"，也在于哲学认识论的分殊。具体说来，理论的源头在哪里？"人的正

---

① 邓小平.邓小平文选：第3卷[M].北京：人民出版社，1993：44.

确思想是从哪里来的"？是经验，还是理论？脱实向虚小循环是因为信奉理论源于大脑，虽然需要一些经验化过程，如调查问卷民族志，但出发点与落脚点都在大脑，如恩格斯揭示的情形——"以哲学家头脑中臆造的联系来代替应当在事变中去证实的现实的联系"[1]，故曰唯心论。相反，实事求是大循环则信奉理论植根经验，源于实践，只有通过深入、细致、全面的考察，以及去粗取精、去伪存真、由此及彼、由表及里的分析，才可能把握事物规律，形成系统性认识即理论，然后再回到经验中检验，如此循环往复，使大脑与现实、理论与实践、解释世界与改变世界逐步趋向有机统一。由于出发点与落脚点都在外物，故曰唯物论。[2]

解释世界与改变世界

这些都是老生常谈，老生常谈又不得不谈，也在于时下传播学唯心学风大畅，形而上学猖獗。比如从本科到博士，从开题到答辩，普遍关注的第一个问题都是所谓理论，悠悠万事理论为大，兵马未动理论先行，写论文先得找一套理论并以此统摄全文。而且，不言自明的是，所谓理论特指美西方某个学者，哪怕刚刚拿到学位的硕士博士在某个书稿或论文里提出的某个观点。有了这种观点或理论，本硕博论文就合格，否则就不合格。运用之妙，存乎一心，如果理论用得好，用得妙，用得出神入化、天衣无缝，如高僧讲法、牧师布道，那么就是一流水平，否则就是一般水平。另外，同样不言自明的是，假定用了印度、巴西、阿根廷、俄罗斯等学术理论，则不仅不入流，还仿佛冒天下之大不韪。总之，一切均以美西方理论为准绳——"以洋为尊，以洋为美，唯洋是从"。实际上，不仅学位论文如

---

[1] 中共中央马克思恩格斯列宁斯大林著作编译局.马克思恩格斯选集：第4卷[M].北京：人民出版社，2012：253.
[2] 唯心论自有其思想价值，如古希腊哲人痴迷的逻格斯以及古往今来不结果实的智慧花朵，也由于唯心论的深化与刺激，才使唯物论从朴素不断走向深刻。但这同脱实向虚小循环的传播研究不可同日而语。

此，主流研究及其创新套路何尝不然，如前些年时兴的建设性新闻，这些年热火的具身性、物质性等。当然，不是说美西方的理论无足称道，这些理论引人注目，表明在特定时期与条件下具有科学性或有效性，能够解释甚至改变世界，如战胜苏联的"文化冷战"及其冷战传播学，同时也给其他时期与条件下的传播实践与研究提供了参考和借鉴。但是，参考和借鉴绝不是神学教义，更不是先验正确的清规戒律。

林毅夫对经济学的批评，对照传播学何其相似。他在2022年4月23日第四届国家发展青年论坛的主旨演讲中特别说到，我们最重要的事情是必须改变现在的学习方式以及做研究的方式，因为经济学界普遍的是拿发达国家的理论来解释我们国家的现象，而且普遍看到的是这个问题、那个问题，或者用我们国家的资料来检验发达国家的理论，而这种研究的方式不就是在验证发达国家的主流理论嘛，但是你有理论贡献吗？我们学理论的目的是什么，是解释世界、改变世界，这样的学习方式能改变世界吗？[1]

他所关心的首要问题，即必须改变学习方式以及做研究的方式，延安整风时期毛泽东发表的《改造我们的学习》已经作出精辟论述。《改造我们的学习》以及《反对党八股》《在延安文艺座谈会上的讲话》等经典文献，核心思想一言以蔽之就是辩证唯物论。按照韩毓海教授的概括，辩证唯物论一分为三：一是立足实际的唯物论，二是革命批判的辩证法，三是以人民为中心的历史观。[2] 新中国70多年学术史也表明，只有遵循辩证唯物论，才可能有真问题、真研究和真学问，也才有望深刻把握社会实践及其传播规律，并摆脱奴化、异化或自我异化的研究，从而让学术为人民服务。

对中国这样拥有5000年文明传统，拥有14亿各族人民，又处于不

---

[1] 林毅夫.第七代知识分子的使命[J].大学生，2022（6）：38-41.
[2] 韩毓海.马克思主义与中国文明的结合[J].文艺理论与批评，2022（3）：85-102.

平衡不充分发展阶段的超大共同体来说，没有比脱实向虚更简单、更容易的，也没有比实事求是更麻烦、更困难的。脱实向虚的向壁虚构，就像那个古希腊寓言故事揭示的：有个人夸口，说自己在远方的罗陀斯跳得多么远，蹦得多么高，胜过奥林匹亚的健将。旁观者说，就当这里是罗陀斯，你不妨跳给我们看看吧。至于实事求是的真问题、真研究、真学问，以100余年来共产党引领的"民族的、科学的、大众的"新文化为例，有多少值得中国传播学深究的学术课题，如新旧融合，中西汇通，传播老百姓喜闻乐见的马列主义以及新社会新风尚；扫盲运动、简化汉字、汉语拼音、爱国卫生运动等一整套提升人民科学文化素质的教育教化；普及广播网、电视网、通信网等一系列保障人民基本媒体使用权的基础设施；俱乐部、文化站、读报组、乌兰牧骑、文艺会演、广场舞等组织形态，使亿万各族人民作为主人公而非旁观者融入文化与传播活动；"向科学进军"、"学哲学、用哲学"、工农兵通讯员，召唤起千千万万普通人参与精神生产、科学研究、新闻传播，20世纪六七十年代遍及城乡如火如荼的"无线电热"世所罕见；高张反帝反殖反霸大纛以及和平共处五项原则，同各国人民以及世界一切进步人士广泛交往；新时代国家传播治理体系与治理能力的现代化问题；等等。

总之，无论旧中国还是新中国，无论完成时还是进行时，5000年文明史沉淀了源远流长的传播宝藏，两个百年奋斗史更开创了天翻地覆的传播新局，加上数十年辛辛苦苦的学科积累，中国传播学拥有无可比拟的丰厚遗产与家当，现在关键在于破除"殖民半殖民"的学术心态，确立中国道路的历史自信，发挥新时代的历史主动。中国特色社会主义已经进入新时代，世界也面临百年未有之大变局，人们有理由期待中国传播学摆脱用科学的方法论证废话的邪路、用西方的理论敷衍中国现实的绝路，更期待一批批新时代新青年走向天地阔远随飞扬的中国道路。

追忆一次阳光灿烂的学术会议 *

1976年元旦,《诗刊》一月号发表了毛泽东1965年的两首词作《水调歌头·重上井冈山》与《念奴娇·鸟儿问答》。中央人民广播电台王铁成的朗诵,也给人留下深刻印象,其中一句"三十八年过去,弹指一挥间",尤其令人难忘。"文化大革命"结束,恢复高考,我有幸成为改革开放时期第一批大学生,今年正好40年。如今回首往事,真是弹指一挥间。其间,多少时代风云、人间冷暖,都谱成一部阴晴圆缺的"光荣与梦想",而那部美国记者的同名之作,展现的恰是40年画卷。

40年来家国,让我难忘并时常怀想的一件往事,是1986年的第二次全国传播学研讨会。每每忆起,便恍若沉浸于电影《阳光灿烂的日子》的片名意境。

20世纪80年代可谓五四之后又一轮西学东渐的高潮,风生水起,鱼龙混杂,你方唱罢我登场,各领风骚一两年。当时,美国传播学以一种新的学科体系、学术体系和话语体系登陆中国,一时间颇有席卷天下、囊括四海之意。为此,第二次全国传播学研讨会在黄山召开,适时提出"走自己的路"(李泽厚)。说来难以想象,会议之所以放在黄山,也是因为中国人民大学新闻系在黄山曾有一座麻雀虽小但五脏俱全的招待所。另外,由

---

* 本文发表于《新闻记者》2018年8月刊,收录时有所删改。

于邓小平徒步登黄山（途中邂逅复旦大学新闻系大学生），又带动了黄山旅游热。现在去黄山非常方便，飞机、高铁、自驾等均很便捷，而当年只有一条铁路通到山下，接着再换乘汽车盘桓而上。

1986年，我还是郑州大学刚登讲台两年的"青椒"（高校青年教师的简称），有一天系主任把我召到办公室，拿出黄山会议通知，说你去参加吧。那时学术会议极少，"青椒"单独出席研讨会更是少之又少，故不难想象我拿着通知，怎样新奇又兴奋。于是，用了一个暑假，憋出平生第一篇论文《传播学即宣传学——兼论传播学在我国的发展方向》，然后兴冲冲奔黄山而去。先从郑州坐火车到南京，再转车坐一夜硬座，翌日清晨到安徽铜陵，接着乘长途车上山。山上招待所由一位中国人民大学新闻系本科留校的年轻人打理，小伙子反应敏捷、做事干练，大家行止无不听他安排。

黄山会议应该是中国社会科学院新闻所主办，中国人民大学新闻系承办。时任新闻所所长孙旭培老师主持会议，新闻所与会代表还有明安香、袁路阳老师等。到1993年第三次全国传播学研讨会在厦门大学召开时，主持会议的就是明安香老师了。记得中国人民大学参加黄山会议的有张隆栋先生、蒋克安老师，以及两位研究生王志兴与李海容等。蒋老师好像也在负责《国际新闻界》工作，而《国际新闻界》与复旦大学新闻学院的《新闻大学》都是传播学在中国的主要学术阵地。会上听闻一则他的趣闻记忆犹新：有一次，蒋老师主持外国专家的学术讲座，同时担任翻译，由于对一处原文理解不同，在场聆听的蒋母还同他你来我往理论半天，外国专家站在台上，左顾右盼，不知所以。黄山会议上，参与施拉姆《传播学概论》翻译工作的新华社新闻研究所副所长李启先生、暨南大学新闻系吴文虎老师等，也均为"风云人物"。如今退休或即将退休的上海外国语学院张咏华老师、厦门大学新闻传播系黄星民老师等，那时还是初出茅庐的青年教师。

会议的研讨主题如今看来意义重大、抱负远大——建立中国特色的社

追忆一次阳光灿烂的学术会议

会主义传播学，与整整 30 年后习近平总书记在哲学社会科学工作座谈会上提出的目标遥相呼应。不过，当时我同许多人一样对此"宏大叙事"不甚了了，只是留下一个阳光灿烂的印象：灿烂的时光，灿烂的心情，一群灿烂的老友新朋。黄山会议大概一周，除了半天去太平湖观光，两天上下黄山游览，其余时间均在招待所研讨。大家聚精会神，正心诚意，发言踊跃，讨论热烈。饭后散步，晚上闲聊，依然乐此不疲于学问之道。原因除心里身外没有什么杂念，也在于聚在山上招待所，长烟落日孤城闭，哪儿也去不了。结果，就这么实实在在、热热闹闹研讨了好多天。

会议期间，有两个场景栩栩如生，至今历历如在眼前。一是大家围绕吴文虎老师构想的一个中国传播学理论体系热烈争辩，犹如 2018 年七国集团峰会上，西方政要围着特朗普理论的有名镜头，只是气氛不失融洽。黄山会议的这个场景，可以象征中国特色传播学的起点，遗憾的是，起点很高，起步不晚，只是 30 多年过去，依然起色不大。习近平总书记在 2016 年哲学社会科学工作座谈会上的讲话中，将新闻学提到引人注目的高度，与十门老大学科并称为"具有支撑作用的学科"，而未提一字传播学，其中深意耐人寻味。迷途知返，往哲是与，不远而复，先典攸高——中国传播学何去何从，看来已经成为新时代新闻传播学界不得不深思的迫切问题。

吴文虎老师 2017 年遽归道山，距离黄山上意气风发阳光灿烂的日子，不知不觉 30 年有余，一个时代过去了。之前，张隆栋先生也已仙逝有年。访旧半为鬼，惊呼热中肠。张先生和吴老师于我均有提携奖掖之恩。吴老师毕业于复旦大学新闻系，20 世纪 80 年代初，我在暨南大学新闻系进修时，他刚从甘肃调入不久，后来出任新闻系主任。吴老师雅好论道，滔滔不绝，一支烟，一杯茶，在陋室，人不堪其忧，而他不改其乐。一次开会，我们同住一屋，晚上各自靠着床头，他说我听，弄到半夜，意犹未尽，我架不住困顿，睁不开眼皮，"童子莫对，垂头而睡"，而他喷云吐雾，兀自精神矍铄，侃侃而谈，不知东方之既白。

除了吴老师的传播理论建构方案成为焦点，黄山会议让我难忘的场景还有几位同龄人的风采。中国人民大学研究生王志兴与李海容风华正茂，充满学术热情与思想锐气。王志兴的会议论文《欧洲批判学派与美国传统学派的分析》，后来刊于名重一时的《新闻学刊》。他对欧洲批判学派的系统研究堪称国内第一人。这篇论文也是他的学位论文，今天看来也许不足为奇，但当年却好似石破天惊，原来传播研究不仅只有美国一家啊。会议期间，我们时常一起散步，或谈学论道，或谈天说地。后来，王志兴去英国留学，李海容去美国留学，一别音容两渺茫，而来30多年了。这些年，李海容又进入国内学界视野，想来今人未必了解这段陈年往事。

与此同时，印象鲜明的还有厦门大学新闻系的研究生黄星民。他是我们"七七级"老学长，一代报人徐铸成在厦门大学筹建新闻传播系的高足。不知为何，他与另一位厦门大学研究生晚到两天。出场前，感觉颇似转轴拨弦三两声，未成曲调先有情，引得我等不由得翘首以待。那天上午，孙旭培老师正在主持研讨，隐约传来风一般的讯息，两位研究生已到山门，会场顿然活泛起来。在一片窃窃私语中，只见星民兄一身仆仆风尘，风风火火闯进来。此情此景仿佛白衣小将赵子龙，百万军中，挺枪跃马，又如公瑾当年，羽扇纶巾，雄姿英发。

现在，人们很难想象一介研究生会有如此阵仗。只需对比说明一点，就可以理解了。改革开放初期，中国人民大学新闻系第一次招收研究生，甘惜分先生和相差10岁的方汉奇先生为第一批导师。依据郑保卫和童兵两位老师回忆，他们这批"文化大革命"后第一届研究生入学时，甘先生什么也不要求，只是让他俩老老实实通读马恩全集。于是，郑老师与童老师用一年多时间，坐在国家图书馆从头至尾把数千万字的马恩全集通读一遍，由此奠定他们后来的学术根基，并成为新中国第二代新闻学大家。如今，不要说硕士生通读马恩全集，就是博士生读一遍数万字的《共产党宣言》都寥寥无几。由此就可以想见30年前研究生的学术气魄了。

遗憾的是，星民兄后来体弱多病，除了少量独具慧眼的"风草论"，著述有限，就像师从格雷厄姆·默多克的北京大学赵斌老师，归国后在《读书》上发表两篇颇有新意的文章，之后便被身体拖累，淡出学界。不过，星民兄有篇大手笔小文章《谈"中"》，取精用宏，融会贯通，无一字无来历，又无一字不从己出，让人过目难忘、望风追慕。文章围绕一个"中"字，把中国历史文化及其传播精髓讲得入木三分、酣畅淋漓。就其思想性、精粹性而言，有似《爱莲说》《陋室铭》等，可以藏之名山，传之其人。另外，他任厦门大学新闻学院院长期间，学院获得博士学位授予权，也可谓一篇传世之作大文章。

如今，学术局面同20世纪80年代相比，好比复兴号高铁与绿皮车。仅就学术会议而言，二三十年前，每年会议寥寥无几，出差经费又极为有限，年轻人基本没有什么机会。现在，会议此起彼伏、络绎不绝，即使没有经费，自掏腰包也没什么问题（当年死工资自费也难）。不过，回想30多年的许多会议，最让我萦绕于心的还是黄山会议。倒不是因为黄山会议有多少"高论"，除了当年提出构建中国特色社会主义传播学理论体系与新时代目标若合一契；也不是因为黄山会议有什么好吃好玩，那时黄山旅游刚刚开发，百废待兴，反不如太平湖"情一样深啊梦一样美，如情似梦太平的水"。黄山会议之所以令人追怀，还在于正心诚意探究真知的科学态度，不计名利追求真理的精神氛围，不论等级、不看资历、不沾官僚风气与江湖习气的清明会风，以及学术民主、思想自由、精神平等。

时下一些会议，与其说是学术交流，不如说更像学术表演，徒具形式而缺乏内涵。貌似轰轰烈烈、热热闹闹，领导出席，名流云集，"虎鼓瑟兮鸾回车，仙之人兮列如麻"。然后"牛人"布道，信众聆听，讲完拍拍屁股，又急匆匆赶往下个场子，如同张天翼笔下的"华威先生"。可怜"青椒"，低眉领首，高山仰止，汗不敢出，只待多年的媳妇熬成婆。于是，学术风气难免浇薄，学术研讨自然虚浮。

20世纪90年代初，第一次读到英国学院派作家洛奇的作品《小世界》，淋漓尽致地展现了西方学界的蝇营狗苟、一地鸡毛，读来一边捧腹一边愕然，因为没想到我们奉若神明、视为神圣的西方学界，原来也如钱锺书的《围城》。不过，当时觉得如此乌烟瘴气小世界，好似天方夜谭，距离我们遥不可及。没想到，曾几何时，我们也很快与国际接轨，上承民国范儿的"围城"，下应西方范儿的"小世界"，甚至有过之而无不及，如《桃李》（2002）、《活着之上》（2014）、《应物兄》（2018）。

追忆当年一次寻常会议，既是向往久违的学术境界，远逝的学术精神，更是呼唤不忘初心、回归本源。何谓本源？探究真知、追求真理、解释世界、改变世界之谓也。在旧中国，叫作"为天地立心，为生民立命，为往圣继绝学，为万世开太平"；在新中国，叫作"为人民著书立说"，用费孝通怀念老师吴文藻、潘光旦的话说便是"学术的用处就在为人民服务"。与其争名于朝、争利于市，何如追随仁人君子立德、立功、立言；与其自娱自乐沉溺于"精致的平庸"，何如把论文写在大地上，融入亿万人民的"光荣与梦想"。至于研讨会，与其分所谓大咖小咖，何如真理面前，一视同仁，吾爱吾师，吾更爱真理，道之所在，师之所存。

历史编

学四史，谈新闻*

为了迎接建党百年，习近平总书记号召学四史，即党史、新中国史、改革开放史和社会主义发展史。这些年的教学科研经历，也让我对学四史的重要性深有感触。

1995年，我考入中国人民大学读博，入学后不久给甘惜分老师去电话，当时他的一番话让我记忆犹新。他说：李彬同志，我现在不研究新闻学了，以后就关注党史、历史了。当年，我以为甘老师退休后做自己感兴趣的事儿，不再过问专业。后来才渐渐懂得，原来这个时候他开始深入新闻学的纵深地带，探究其大本大源及其辐辏肌理，"立足中国土，请教马克思"，做新闻学的大学问了。

20年前的5月18日，是我来清华大学报到的日子。清华园的时光，让我越来越体悟到甘老师的点拨。其间感触尤深的有两点。第一点，当代新闻学子以及年轻学者与记者思想开放、见多识广，随着国家综合实力的增长而愈发自信。第二点，他们对党史、新中国史、改革开放史和社会主义发展史往往一知半解，还满足于此，常常一叶障目，又振振有词。学四史，看新闻，重点不在专业乃至主义，而在党史、新中国史、改革开放史和社会主义发展史的大本大源。也因如此，这些年我在读书、教书、写书

---

* 本文原为"百年中国共产党新闻传播：历史、理论与实践学术论坛"的发言稿，发表于《青年记者》2021年第3期，收录时有所删改。

之际大多着眼四史，从而也愈发理解甘老师的良苦用心：不把握党史、历史及其大势所趋，就新闻谈新闻，就专业谈专业，总是不得要领而只得皮毛。举例来说，在"民国范儿"的新潮中，新记《大公报》从"小骂大帮忙"的蒋家王朝喉舌，华丽转身为"新闻专业主义"的典范。与之相对，新中国70多年特别是前30年的新闻，似乎就剩一笔"血泪帐"，除了控诉，便乏善可陈了。

所谓党史、新中国史、改革开放史和社会主义发展史，一言以蔽之就是中国道路，王绍光形象地表述为深一脚、浅一脚、左一脚、右一脚。100年来走出的这条道路，不仅开辟了中国历史上前所未有的、以人民为中心的现代化路径，而且也如邓小平说的，"为世界四分之三的人口指出了奋斗方向"。新中国的新闻业、新闻学自然也处于这条大道之行，不可能脱离甚至背离这一大势所趋，成为一种想当然的"独立王国"专业圈，即使一时脱离或背离，也势必成为不痛不痒、自娱自乐的学术游戏。就像时下一些言必称希腊、死不说中国的学术流行语，无论文献多么翔实，方法多么科学，数据多么充分，发表多么"国际"，都近乎精致的平庸，恰似齐梁文学，看起来辞藻华丽、格律考究、形式精美，但又苍白贫血、有气无力。

清华大学110周年校庆前夕，拙著《中国道路新闻论》出版发行，新华社发了一则通稿，既简明扼要概括了新作内容，又无异于对作者20年的探索挽个小结：

> 日前，《中国道路新闻论》由新华出版社出版，面向全国发行。这是继《新中国新闻论》和《新时代新闻论》之后，清华大学新闻与传播学院李彬教授撰写的又一部新闻学理论专著。
>
> 该书史论结合，运用马克思主义的立场、观点和方法对中国共产党百年新闻实践进行了深入浅出的理论分析，从"实事求是""思想解放""中国道路""新闻话题""方法问题"等十个方面对中国新闻

学的知识图谱、演进脉络及未来发展进行了探讨与阐发，以期在建构中国新闻学的学科体系、学术体系和话语体系中彰显自信。

什么是中国新闻学的知识图谱？今年恰逢《文史哲》杂志创刊70年。现任主编王学典总结70年办刊历程，提炼了新中国人文社会科学的三次转型。第一次从1949年开始，经历了从民国学术到共和国学术的转型。第二次从1978年开始，经历了"以阶级论为纲"到"以现代化为纲"的转型。眼下，正在经历从"西方化为纲"到"以中国化为纲"的第三次转型。与此相似，2019年新中国70年的节点上，我们有篇文章，题为《新中国新闻学知识图谱：从人民新闻学到中国新闻学》，也谈到新闻学的"一波三折"：我们称之为三十年河东的人民新闻学、三十年河西的现代新闻学与三十年再河东的中国新闻学。

三十年河东的人民新闻学一方面发扬光大延安传统，另一方面探索新中国的新闻道路，"深一脚、浅一脚，左一脚、右一脚"的进程中，既布满一串熠熠生辉的足迹，包括培养造就了成千上万正心诚意为人民的新闻工作者与数不胜数扎根大地的工农兵通讯员，又留下一些值得反思的"失足"记录。而这一切又同新中国新文化密不可分，与任继愈概括的中华文明五千年的两件大事若合一契。第一件大事，就是已成完成时的秦皇汉武、唐宗宋祖，不妨称为老中国，其中尤为珍贵的是多民族、大一统、家国一体、四海混一等历史遗产，这也是中国人文社会科学的底气与骨气之来源。第二件大事，则是进行时的少年中国新中国，也就是鸦片战争以来，不断摆脱帝国主义和封建主义，开辟人民民主的现代化进程，特别是两个百年中国梦。为了建设一个现代化的、人民当家作主的新中国，就需要意识形态领域的除旧布新，也就是新文化，人民新闻学无非是新文化在新闻领域的延伸，说到底同中国道路及其艰辛探索一脉相通。

三十年河西的现代新闻学，在面向西方全面开放，学习其科学技术、管理经验以及现代化理论的大背景下，一步步形成以欧美为师特别是以美国为样板的学科体系、学术体系和话语体系。这一转型犹如汉代雄浑与盛唐健爽之间的齐梁文学，虽在音韵、格律、用典上日臻完善、精雕细刻，为唐诗宋词的高峰铺平了道路，但自身未免沦为空洞无物的靡靡之音或亡国之音。同样，现代新闻学一方面拓宽了我们的学术视野，提升了学术研究的科学化程度，也在一定意义上丰富了新闻学的学科内涵。另一方面，在这套"现代，太现代"的话语体系中，美国的一套"地方性"知识经过数十年的精心锤炼，一步步成为"普适性"的规律、定理或真理，而中国道路及其新闻实践则一步步陷入失语、失声、失踪，新闻学也从社会动员与政治运动的有机经验，一步步蜕变为自足的、封闭的、学院化的知识生产。新任《光明日报》总编辑王慧敏，撰文回忆20多年前作为研究生在导师范敬宜指导下的一段学术经历，颇能说明问题：

> 做毕业论文时，范敬宜约我到其家中详谈。这次我做了充分准备，西方传播学的原理整了一套一套的。
> 听我谈了大约20分钟，他便打断我说："新闻是门实践学科，没必要搞那么多复杂的理论，更不要言必称西方。现在一谈做学问，就从西方书籍中去找理论根据，这种风气很不好……"

进入新时代以来，日益学院化并深度内卷化的现代新闻学，俨然到了一个何去何从的十字路口。越来越多的人意识到，这套知识体系中当作中国新闻业与新闻学之典范的西方，不过是想象的乌托邦。尤其是近年来，西方建制派政客、媒体集团、全球资本精英媾和而形成的利益共同体，导致欧美主流媒体与民众的信任关系严重破裂，更使旧的新闻知识生产的神话几近破灭。与此同时，随着中国不断走向世界中心舞台，开启全面建设社会主义现代化国家新征程，从"一部分人的现代化"转向"多数人的现代化"，包括精准扶贫、全面小康、乡村振兴以及"一带一路"、人类命运共同体等，这种以洋为尊、以洋为美、唯洋是从的现代新闻学同历史大势日益形格势禁，显然圆凿方枘。为此，习近平总书记提出"打造具有中国特色和普遍意义的学科体系"，并将新闻学列入哲学社会科学的11门支撑性学科，既体现了高度的政治自觉与文化自觉，也反映了中国道路对知识体系中国化的时代呼唤。为了因应世界百年未有之大变局，现代新闻学不得不主动被动地向三十年再河东的中国新闻学转型。

中国新闻学既不是对人民新闻学的简单回归，也不是对现代新闻学的简单否定，而是一种辩证取舍、守正创新的综合性方案。这里，中国新闻学一方面离不开梁启超阐发的"中国之中国、亚洲之中国、世界之中国"，以及其中蔚为大观的新闻遗产；另一方面，由于同马克思主义一脉相通，又离不开《国际歌》里寄寓的国际主义情怀而非时下流行所谓"国际接轨国际化"（西方接轨美国化）。事实上，近代以来，从梁启超到邵飘萍，从邹韬奋到范长江，从邓拓到穆青，从延安窑洞人民广播的手摇发电机到数字时代融媒体，一代代中国记者与学者以其辛勤耕耘和开创性工作，已为中国新闻学奠定了厚实基础。现在，关键在于我辈是否有足够的自信与勇气，摆脱制约新闻学想象力与创造力的一套"东方学"，在中国革命与中国共产党开辟的中国道路上，重塑新闻学的学科体系、学术体系和话语体系。

在2018年第十六届开放时代论坛上，贺雪峰提出中国研究的两种进路，同样适用于中国新闻学，一是从理论到经验再到理论的小循环，一是从实践到理论再到实践的大循环。小循环中的经验是片段的、支离破碎的，旨在服务于具体理论的论证需要。而大循环中，实践则是本体的，是完整的，是有机联系的。以理论对话为主的小循环，是用中国经验与西方社会科学的具体研究及其理论进行对话。而从实践中来到实践中去的大循环，是通过对模糊的、暧昧的、复杂的、全息的中国实践与中国经验的整体把握，发展具有中国主体性的中国社会科学。他认为，未来二十年，中国社会科学的重点不是规范化，而是在深入田野调查基础上的"野蛮成长"，没有大循环基础上厚重的经验研究，小循环基础上的精致研究没有意义。所以，中国学者应该"呼啸"着奔向原野，走向中国实践，在深入实践、理解实践的过程中，形成具有逻辑自洽性和具有实践解释力的概念体系。这个过程一定是大破大立、大开大合的。

总之，新闻学的黄钟大吕只能立足中国大地，植根五千年源远流长的文明史与两个百年波澜壮阔的现代史，特别是共产党领导人民开辟的中国道路及其新闻实践。随着金融危机爆发以及全球资本主义体系性危机进一步加重，"马克思归来"已经成为汇聚中外前沿学术思想的时代强音。如何赓续新闻学的马克思主义道统与中国的社会主义传统，进而创新网络时代的学科体系、学术体系和话语体系，日益成为迫在眉睫的时代命题。借用复旦大学一代新闻大家李龙牧先生半个世纪前在一篇讨论新闻学建设的文章中的话说：

> 从总结经验中提升出理论来，这是马克思主义新闻学建设的基本道路。继续坚定地沿着这条道路前进，是新闻学迅速发展的根本保证。

从历史虚无到价值虚无

这个话题原是中国社会科学院2015第一届新闻史青年学术论坛出的命题作文,下面就从学术和现实两方面试着谈谈这个话题。

学术层面

先看学术方面的相关问题。众所周知,在《德意志意识形态》的手稿中,马恩写下一段名言:"我们仅仅知道一门唯一的科学,即历史科学……"[1] 正式发表时,这段话又删去了,我想原因或在历史横看成岭侧成峰,还难以构成一加一等于二的科学吧。仅看迄今为止的历史,似乎三句话就可以概括:明修栈道说过去,暗度陈仓指现在,曲径通幽看未来。常说以史为鉴,无非也是这个意思:回望过去,观照当下,展望未来。20世纪后的"语言学转向",更使人们意识到无论是历史的资料还是历史的叙事,无不需要经过语言这个中介,而语言又不是统一的、一律的、超然物外的,所以,言人人殊的结果就使同一件事讲出来总像一出罗生门。

人事有代谢,往来成古今。关于历史,古往今来总是难脱两个与生俱来的特性,一是历史事实的无限性,一是历史叙事的有限性。换句话说,

---

[1] 中共中央马克思恩格斯列宁斯大林著作编译局. 马克思恩格斯文集:第1卷[M]. 北京:人民出版社,2009:516.

有史以来的人事如同弱水三千，而能够讲述的不过一瓢饮。这一不言而喻的矛盾，先天决定了不可能将实际发生的一切纤毫无遗地呈现出来，否则岂不得将历史原原本本重来一遍。且不说重来是否可能，假定可能又有什么意义呢，一遍遍重演历史吗？如此看来，历史同新闻一样，只能是选择的学问。不经选择，就无法报道日新月异的新闻；不经选择，就无从讲述千变万化的历史。众所周知，"阿芙乐尔"号巡洋舰一声炮响，成为十月革命的象征，而据俄罗斯《论据与事实》周刊2002年的一篇文章，当年"阿芙乐尔"号只对冬宫放了一枚空炮。① 在历史现场纷繁错综、混乱矛盾的无数事实中，这枚无足轻重的空炮就这样选择性地进入历史，并成为世界史上一个天翻地覆大事变的标志。

既然历史是选择的学问，那么说什么、怎么说就成为题中之义。为此，历史难免淡化、虚化某些内容，然后才能彰显、突出某些内容，无论轻描淡写，还是浓墨重彩，常态的历史叙事都不得不在浩如烟海的史实史料中有所选择，既要去粗取精、去伪存真，又得由此及彼、由表及里，否则历史便无法书写，也没有意义。与此相似，所谓历史虚无主义，固然在虚无历史如视而不见，同时又必定在彰显某些内容如指鹿为马，就像日本教科书将"侵略"称为"进入"。所以，虚无与彰显总是随时随地相伴相生的。举例来说，二十四史彰显的是帝王将相、英雄豪杰的经国大业，虚无的是升斗小民、乱臣贼子的所作所为；欧洲中世纪彰显的是圣父、圣子、圣灵的万世一系，虚无的是衣食住行的世俗人生；现代史在马克思传统之外，基本都在彰显资本魔力，包括现代化、科技革命、大众教育、繁华的都市、便利的交通、五光十色的生活以及资产阶级自由民主等价值，而虚无人、社会与自然由此遭遇的一系列异化，正如卡尔·马克思在《资本论》、卡尔·波兰尼在《大转型》中的深刻批判，且不说国家武装走私毒品、贩卖黑奴以及奴隶制、屠杀数以千万计的原住民等反人类暴行；空

---

① 转引自高放. 美国教授笔下的这部俄国史值得借鉴 [M] // 莫斯. 俄国史（1855—1996）. 张冰，译. 海口：海南出版社，2008：中译本序言4.

前但愿绝后的世界大战之叙事也主要彰显英美的神勇与正义，如2017年热映的《敦刻尔克》《至暗时刻》，而虚无苏联红军首屈一指的贡献（依据德国历史档案准确统计，战时丧命的480万纳粹军人中380万为苏军击毙，百万日寇关东军也被苏军歼灭），以及东方主战场的战略地位，同时更虚无战争的深刻根源，包括法西斯并非天外飞来的文明怪物，而无非是资本主义贪婪欲望及其最高阶段帝国主义疯狂争夺的结果，如波兰尼所言"要了解德国的法西斯主义，我们必须回到李嘉图的英国"①，或钱乘旦谈二战的东方起源所说"到第一次世界大战结束的时候，偌大的一个太平洋几乎全都落入美国之手。但恰恰在这个时候，它与正在疯狂扩张的日本正面相撞"②。

再以中国现代历史为例，也能随处看到这一虚无与彰显的交织。当虚无太平军、义和团、辛亥起义、土地革命、八路军新四军时，自然就彰显曾国藩、传教士、慈禧、袁世凯、蒋介石、汪精卫。同样，当虚无李大钊、鲁迅、邹韬奋、范长江时，往往就彰显胡适、张爱玲、张季鸾、储安平……北京大学中文系原主任温儒敏教授在一篇文章中就此写道：一些文人可以"同情"土改中被镇压的地主阶级，而对千百万农民的翻身解放无动于衷。③其实，类似选择性学问如今比比皆是，比如：可以欣赏民国十里洋场"小资"范儿，而对天下百姓的苦难深重无动于衷；可以讴歌"西方文明现代化"，而对亚非拉由此遭逢的旷古浩劫无动于衷；可以赞美"文人论政""私营报业"，而对"工农兵通讯员""人民千呼万应的喉舌"无动于衷；可以对新中国成立后政治运动中受到伤害的一些精英文人耿耿于怀，而对亿万各族人民包括绝大多数人民知识分子的创业史无动于衷……德里克在清华大学国学院的演讲中谈及的两点情况，也揭示了此类流行叙

---

① 波兰尼.巨变：当代政治与经济的起源[M].黄树民，译.北京：社会科学文献出版社，2013：92.
② 钱乘旦.世界大格局中的二战东方战场[N].光明日报，2015-08-15（11）.
③ 温儒敏.文学研究中的"汉学心态"[J].文艺争鸣，2007（7）：51-55.

事及其相似的逻辑：

> 孔子被从博物馆中请了出来，而革命却要被放进博物馆了。
>
> 对"历史的主人"（即劳动人民）的兴趣也开始减弱，因为劳动人民已经失去了政治上的重要性，并且在经济上被边缘化了。[①]

真正问题并不仅仅在于虚无历史，而在于虚无什么的同时又彰显什么。从学理上看，一方面人的认识、知识总是有限的，凤毛麟角的"百科全书学者"也难脱这一局限；另一方面，人的认识、知识又必受所处时代政治经济关系及其意识形态的结构性制约，就像唯物史观揭橥的包括历史认识在内的精神现象："统治阶级的思想在每一时代都是占统治地位的思想。这就是说，一个阶级是社会上占统治地位的物质力量，同时也是社会上占统治地位的精神力量。"[②]

现实层面

下面再从现实维度看看这个问题。历史虚无主义的提法近年来日渐流行，它所针对的并非一切历史，而是特定历史。稍微作点知识考古就知道，这一思潮从"文化大革命"后兴起，经过30多年横七竖八的交融汇流，如今貌似形成精英知识界的主流，它所针对的特定历史，说白了就是中国革命与中国共产党，也就是费正清代表作所言的"伟大的中国革命"。习近平总书记2013年6月25日在主持中共中央政治局第七次集体学习时曾一针见血指出，历史虚无主义的要害是从根本上否定马克思主义指导地

[①] 清华大学国学研究院，德里克.后革命时代的中国[M].上海：上海人民出版社，2015：43，96.

[②] 中共中央马克思恩格斯列宁斯大林著作编译局.马克思恩格斯文集：第1卷[M].北京：人民出版社，2009：550.

位和中国走向社会主义的历史必然性，否定中国共产党的领导。

以流行说辞"建政"为例。不知起于何时，1949年不叫"建国"，而称"建政"，据说"中国"自古就有，故不能称建国而只能是建政。这套说辞听上去振振有词，深究起来则似是而非。① 因为，1949年建立的是一个新中国，一个不仅仅是近代所有仁人志士梦寐以求、前赴后继的新中国，如梁启超流亡日本期间创作的政治幻想小说《新中国未来记》，如孙中山先生念兹在兹的"振兴中华"，更是一个以人民为政治主体如人民创造历史、人民当家作主、为人民服务的现代国家，无论从哪方面讲都同上古的小国寡民或历朝历代的帝制王朝包括"国将不国"的蒋家王朝完全不可同日而语。其中，既体现着之前"工农政权""边区政府"与之后中华人民共和国显现出来的非同一般的国家能力或国家治理能力——亦即现代国家的核心政治标志，也蕴含着一整套现代文明现代性的要素，特别是所有现代国家无不秉持的人民主权，同时更寄托着天下大同的古典理想与世界主义的普适情怀——天下一家、人人平等、共同富裕、反对压迫、反对奴役、反对剥削等。所以，无论称1949年建立新中国，还是简称建国，都是无法否认也不容曲解的历史，所谓"建政"云云要么是标新立异，要么是别有用心，都无异于抹杀新中国与旧中国、新政治与旧政治的根本区别。

历史虚无主义不仅在于质疑、解构、挑战中国革命及其价值，而且自觉不自觉地在为形形色色的利益集团张目。具体说来，这股思潮的主攻方向是新中国前30年，其中以反右等政治运动为外围战，以"文化大革命"十年为攻坚战，辅以"小细节颠覆大道理"等游击战。正是由于虚化虚无了前30年，后30年中国道路也就失去了历史根基与价值依托，所谓道路自信、理论自信、制度自信、文化自信自然形同虚设。同样，由于虚化虚无了中华人民共和国前30年的历史与价值，从而使得此前的解放战争、延安整风、《解放日报》改版、抗战的中流砥柱、耕者有其田的土地革命、

---

① 关于"中国"的意义及其演化，葛剑雄在一篇演讲中作了简明扼要的阐述，参见葛剑雄.地名、历史和文化［N］.光明日报，2015-09-24（11）.

鲁迅为旗手的左翼新文化运动，以及狼牙山五壮士、董存瑞、黄继光、刘胡兰等，也无不陷入恍兮惚兮不明不白的境地。如同一副多米诺骨牌，一旦推翻新中国前30年，中国共产党与中华人民共和国的一切光荣梦想，近代以来中国人民及其仁人志士争取独立、自由、解放的一切苦难辉煌，最终都势必变得虚无缥缈、莫名其妙了。所以，北京大学原副校长梁柱教授撰文指出：历史虚无主义作为一种政治思潮，是企图通过否定革命改变共产党的领导和社会主义制度，其中危害最烈的是否定毛泽东领导时期的成就，割裂新中国两个发展时期的辩证统一关系。①

类似趋势，亦既消解中国革命的主潮及其价值，同时彰显一些历史的支流及其价值，在新闻史研究中也在所难免，甚至成为不少新兴研究的主导性叙事。仅看两例，即知大概：一是近代传教士及其报刊，二是新记《大公报》研究。关于传教士报刊，方汉奇先生曾经得出全面而公允的三点评价：一是列强侵略的文化工具，二是客观上促进了中西文化的交流，三是推动了近代中文报业的发展。而时新研究不仅回避"文化侵略急先锋"问题，而且越来越不吝溢美之词。一些论述传教士报刊的近作，更是一边倒地对传教士及其报刊极尽赞美，现代文明的播火者、科学启蒙的先驱者、理性精神的传播者云云，看过之后真是觉得"比西施还美，比王昭君还美，还比得上杨贵妃"。这些认识即使不说历史虚无，至少也是抓住一点，不及其余，只知其一，不知其二，乃至其三、其四等。

中国历史学会会长、中国社会科学院学部委员张海鹏主编的十卷本《中国近代通史》，对19世纪来华传教士群体及其所作所为从四个方面做出翔实论述：扩大政治干预，攫取经济权益，兴办慈善事业，实施"文字播道"。看看当年频发的"教案"，就不难想象传教士群体狐假虎威的霸道与张狂。依据不同的统计，从鸦片战争到辛亥革命，大大小小的教案总计达到440起至1600起。1870年震惊中外的天津教案最为人知，在国人

---

① 梁柱. 全面完整地维护人民共和国的历史：新中国"两个30年"辩证统一的视角［J］. 中国延安干部学院学报，2017, 10（5）：23-30.

心头留下刻骨铭心的痛楚记忆。督办此案的中兴名臣曾国藩由于"内疚神明，外惭清议"，在一片"谤讥纷纷，举国欲杀"的声浪中郁郁而终。① 蒋梦麟用一句鲜明的对比，记述了当时国人的普遍印象："如来佛是骑着白象到中国的，耶稣基督却是骑在炮弹上飞过来的。"②

至于新记《大公报》从"小骂大帮忙"的国民党、蒋介石的喉舌，一步步变成"文人论政""专业主义""独立之精神，自由之思想"的楷模，更是新闻史研究模糊历史真相及其本质的突出一例。③

由此可见，历史虚无主义的根本问题不在历史事实，而在历史价值，即国史专家李捷挑明的虚无主义虚无的不是历史而是价值。④ 自从唯物史观问世后，人民就成为创造历史、书写历史的主人或主体，从此历史不再是个人英雄主义的神话传奇，也不再是张家长李家短的碎嘴婆子，而成为千千万万人的生产生活实践及其社会关系的总和，特别是阶级关系、政治关系或者时新说法"权力关系"的综合运动，而革命更是推动历史的火车头，解放生产力，破除形形色色日益僵化固化、不合理的、束缚人奴役人异化体系等，从而为把握历史及其规律提供了科学的世界观与方法论。既然历史不再是传统观念上或轰轰烈烈或生动有趣的个人故事，而是人民生活汇聚而成的生产力与生产关系、经济基础与上层建筑的有机运动，那么如此总体运动及其合力就只能昭然若揭而不可能虚无缥缈，就必然铁证如山而拒绝见仁见智。

拿中国革命来说，正是由于帝国主义列强与中华民族的矛盾，由于这一矛盾推动下统治阶级与人民大众的矛盾相互交织、愈演愈烈，才导致近

---

① 参见张海鹏.中国近代通史：第3卷［M］.南京：江苏人民出版社，2007：182-227.

② 蒋梦麟.西潮与新潮［M］.北京：中华书局，2017：4.

③ 参见李彬.正本清源，论从史出：读俞凡《新记〈大公报〉再研究》［J］.新闻记者，2015（8）：46-53.

④ 参见李小佳.不能以猎奇的心态读党史：访中国社会科学院副院长、当代中国研究所所长李捷［N］.解放日报，2013-10-31（14）.

代中国一系列天崩地坼的大事变、大转型。毛泽东当年为批判影片《清宫秘史》所加的批语言简意赅:"究竟是中国人民组织义和团跑到欧美、日本各帝国主义国家去造反,去'杀人放火'呢?还是各帝国主义国家跑到中国这块地方来侵略中国、压迫剥削中国人民,因而激起中国人民群众奋起反抗帝国主义及其在中国的走狗、贪官污吏?这是大是大非问题,不可以不辩论清楚。"①进而言之,置身100多年的世界大势中,或以500年来中国与世界的大变局审视,现代中国的社会主义革命、建设与改革也无不属于上述矛盾错综交织的历史合力之结果。借用一位学者的嘉言隽语:"历史,从短时段来看,确实是一个任人打扮的小姑娘,但是从长时段来看,历史就成了阿尔卑斯山,不用说打扮它,就是动它一下都不可能,而且你还得冒天下之大不韪。"②

总之,对待历史虚无主义,既得强调史实的实在性与叙事的客观性,更得明确唯物史观的立场、观点与方法。《共产党宣言》的论断简洁明了:"至今一切社会的历史都是阶级斗争的历史。"一篇读罢头飞雪,上疆场彼此弯弓月。历史学家黄仁宇的话入木三分:"我们纵把郭松龄和殷汝耕的事迹写得不失毫厘,又牵涉到本庄繁和冈村宁次的秘幕,在当中更投入梅兰芳和阮玲玉的琐闻轶事,也只是增长历史的篇幅,仍未掌握中国长期革命的真实性格。"③至于历史虚无主义的说法,黄纪苏的见解一语中的,以此作结也恰如其分:

> 对这一两年"历史虚无主义"的提法,我有点不同意见:太绕圈子了,您就直接说有人否定中国革命不就行了么?绕圈子不但容易

---

① 天津市历史研究所,天津史话编写组.义和团在天津的反帝斗争[M].天津:天津人民出版社,1973:73-74.
② 启之.中西风马牛[M].北京:世界图书出版公司北京公司,2014:118.
③ 黄仁宇.资本主义与二十一世纪[M].北京:九州出版社,2011:375.

掩盖问题的本质，还会把自己绕进去——现当代史您不也是这段不让说，那段不许提么？①

---

① 黄纪苏. 中国革命的两份遗产［EB/OL］.（2015-08-31）［2015-09-11］. http://www.21ccom.net/articles/history/xiandai/20150831128423.html. 刘书林也指出，历史虚无主义的要害"就是企图通过否定中国共产党历史、否定新中国建设的历史成就和中国共产党的领袖，达到其从根本上否定中国共产党的领导的合法性的目的"。参见刘书林. 认清历史虚无主义思潮的真实用意［J］. 求是，2015（9）：57-59.

"小方是谁？"*

——兼谈当下新闻研究的一些学风问题

一次，新闻学同人聚谈，不经意间提及时下"小方热"，在座一位著述等身的教授一脸茫然，脱口问道："小方是谁？"

确实，小方是谁，搁几年前，新闻界恐怕没有几人知晓。然而，随着不知所来何自的虚火不断升腾，有关方面相继卷入或"被卷入"，加上报章杂志连篇宣扬，不旋踵间一个藉藉无名的小方就声名鹊起，一跃成为百年中国新闻人的旷世奇才，横空大气排山去，砥柱人间是此峰，乃至与范长江比肩，与罗伯特·卡帕（Robert Capa）齐名。2017年，《中华读书报》以大半个版篇幅摘编范长江新闻奖获得者，即当今"一流记者"学习小方的感悟，声言"中华民族当向25岁的'小方'行注目礼"，一时间仿佛掀起一阵小小的造神热潮。

一

那么，小方是谁？笔者研习新闻之学已逾40年，同样孤陋寡闻不清楚，2014年付梓的《新闻传播学大辞典》也"查无此人"，不得不设法了

---

* 本文发表于《国际新闻界》2018年第10期，收录时有所删改。

解一下，发现基本事实大抵如下：小方，本名方大曾（1912—1937？），北京人，出身官宦家庭，摄影爱好者（顺便提一句，当年摄影爱好者犹如今日游艇飞机爱好者而远非大众化兴趣）。1931年，考入北平中法大学经济系。1935年，在北平基督教青年会等处工作。1936年赴绥远采访，发表了若干附有摄影作品的通讯，得到范长江推荐，在《大公报》兼任战地特派员。"七七事变"第三天前往卢沟桥，写出报道《卢沟桥抗战记》，配以照片发表，不久失踪，时年25岁。各方说来说去的关键信息基本如此。"小方热"吸引眼球的说法——"报道七七事变第一人"，据初步考证也站不住脚。即便假定事实确凿，也与范长江不可同日而语。因为，范长江不仅是一代名记者（如此名记者也成百上千），而且是所有追求光明、真理以及英特纳雄耐尔理想的中国记者之象征。换句话说，作为一个象征，"范长江"不仅体现着出类拔萃的新闻禀赋，而且寄寓着人民记者即"无产阶级记者"的精神内涵，以及"中国革命与中国共产党"的历史血脉。

就"小方热"的关键由头"第一人"而言，实际上也经不起推敲。因为，身处时代潮头的记者，记录历史初稿即新闻并影响现实世界乃是天职，正如保家卫国是军人的天职，无论是谁打响卢沟桥保卫战第一枪，都不会因此成为舍我其谁的英雄，因为没有此人，也有彼人。何况重大事件突发之际，记者争先恐后，又如何分得清第一第二[①]。试想谁是报道攻陷巴士底狱的第一人？谁又是报道震撼世界的枪声、斐迪南大公遇刺、斯大林格勒保卫战的第一人？同样，谁能说得清甲午海战、武昌起义、南昌起义、百团大战、新疆和平解放、西藏民主改革、尼克松访华、邓小平访美等报道的第一人？针对重大事件的报道，人们之所以不知道或

[①] 《拉丁美洲被切开的血管》的作者、拉美左翼记者加莱亚诺，少年时代在课堂上听到西班牙殖民者巴尔博亚登上巴拿马一座山峰，成为同时看见大西洋和太平洋的第一人，便忍不住举手发问："老师小姐，当时印第安人都是瞎子吗？"参见加莱亚诺．镜子：照出你看不见的世界史［M］．张伟劼，译．桂林：广西师范大学出版社，2012：1.

不关心"第一人",是因为重大事件不同于一般社会新闻,往往并非单一问题与简单事件,而是来龙去脉盘根错节,偶然必然环环相扣。故重大新闻的报道并不看谁开第一枪,而看谁击中历史靶心。正因如此,世人不在乎谁先报道十月革命一声炮响,但不能不在意约翰·里德(John Reed)的《震撼世界的十天》;不关心谁先报道红军长征,但不能不关注埃德加·斯诺的《红星照耀中国》。与此相似,记者可以不知道谁先报道"九一八""一二八""七七"等事变,但不会不记得吴印咸拍摄的《白求恩大夫》、朱启平撰写的《落日》;可以不清楚谁先报道抗美援朝,但不会不熟悉魏巍的《谁是最可爱的人》、黎民的《中国人民志愿军跨过鸭绿江》,诸如此类,不一而足。2018年是改革开放40年,新闻界又忆及40年来诸多新闻经典之作,如报道邓小平南方谈话的《东方风来满眼春》,这篇通讯的作者陈锡添及其幕后故事不用多说了,反正不是"第一人"。

我们熟知的外国记者李普曼、法拉奇、卡帕、本多胜一(Honda Katsuichi)、爱德华多·加莱亚诺(Eduardo Galeano)、康斯坦丁·西蒙诺夫(Konstantin Simonov)、斯韦特兰娜·阿列克谢耶维奇(Svetlana Alexievich)等,也非"第一人"而传之其名。西蒙·托平(Seymour Topping)的一段亲历记,就足以说明。解放战争期间,他是美联社驻南京记者。解放军横渡长江时,他在南京的大街上远远听到郊外的炮声、江边的枪声。他打算奔向美联社办公室,突然一辆吉普停在跟前。车上跳下一位军人,有礼貌地问他:

"总统府方向怎么走?"

"你们是什么人?"

"我们是解放军。"

"解放军已经进城啦?"

"是的,我们已经在凌晨攻占南京城了,为了不惊动老百姓就悄悄进来了。"

托平惊喜不已,解放军占领南京了,现在还没有第二个记者知道这一重大新闻！他马上叫车赶到南京鼓楼大街的邮局。邮局只有一台发报机。此时，法新社记者比尔·关（Bill Kuan）也跑进邮局。两人都想第一个发报，最后抛硬币决定。比尔·关赢了。托平说：你快发，发完我发。比尔·关说：你放心，我以最快的速度，用最少的文字把这条消息发出去。于是，他在电讯稿上只写了两个英文字"Nanjing falls"（南京陷落），然后兴奋地对托平说："我的稿子发完了，下面轮你来发了。"托平坐在发报机前，一口气打了两个小时的字，发了三篇稿子。第一篇是快讯《今早共军进入南京，国军已经逃窜》；第二篇是现场特写《解放军进南京城》；最后一篇是综述加新闻背景。第二天，西方报纸全都刊登托平的稿子，而比尔·关的稿子没有一家采用。[1]

总之，以"第一人"为由头的"小方热"，就像马克思笔下的历史法学派："它把自己对起源的爱好发展到了极端，以致要求船夫不在江河的干流上航行，而在江河的源头上航行。"[2]

二

如果是沿着干流航行，也就是将方大曾及其短暂的新闻活动置于全民抗战的大潮，并与无数中华民族的优秀子孙，包括新闻界众多英雄儿女联系起来，那么对其人其事本来不难做出实事求是的叙述：一位抗战初期的业余摄影师或战地记者，采写报道了一些抗战新闻，对鼓舞军民士气产生一定作用，"七七事变"后不久失踪。现在加诸其身日益炫目的光环，显然过甚其词，既不符合人物本身的历史实情，也不符合并扭曲唯物史观的

---

[1] 李希光，孙静惟，王晶. 新闻采访写作教程［M］. 北京：清华大学出版社，2011：205. 托平后任《纽约时报》主编、哥伦比亚大学新闻学院院长与荣誉教授，并任普利策新闻奖评委会主席20年。李希光教授在清华大学新闻学院常务副院长任上时，曾经聘请托平教授担任新闻学院首届国际顾问委员会主席，并陪他重返淮海战役战场。

[2] 中共中央马克思恩格斯列宁斯大林著作编译局. 马克思恩格斯全集：第1卷［M］. 北京：人民出版社，1956：97.

新闻图景与历史方位，借用列宁有名的论断：

> 如果从事实的整体上、从它们的联系中去掌握事实，那么，事实不仅是"顽强的东西"，而且是绝对确凿的证据。如果不是从整体上、不是从联系中去掌握事实，如果事实是零碎的和随意挑出来的，那么它们就只能是一种儿戏，或者连儿戏也不如。[①]

倘若从整体上、从联系中掌握事实，那么，即使不提整部中国新闻史，如范敬宜为《李庄文集》作序时提及的一批新闻名家，王韬、梁启超、章太炎、邵飘萍、瞿秋白、张季鸾、邹韬奋、范长江、胡乔木、恽逸群、邓拓、吴冷西、乔冠华、刘白羽、华山、穆青等，而仅以抗战岁月"捐躯赴国难，视死忽如归"的记者为参照，也不难把握小方的历史定位。且不说徐铸成、萨空了、胡愈之、谢六逸、杜重远、王芸生等数不胜数的爱国报人名记者，他们的历史贡献远在小方之上，也不说1941年抗击日寇的大青山战役中，大众日报社郁永言等18位新闻人英勇牺牲，平均年龄20岁（同时牺牲的还有一位国际记者汉斯·希伯，罗荣桓为之题词"为国际主义奔走欧亚，为抗击日寇血染沂蒙"），更不说1942年太行山反扫荡一役中，《新华日报》华北版社长何云等46位中国记者壮烈殉国，史称中国新闻史上最悲壮的一页；仅看上海孤岛时期坚持抗战的报人，就有不少倒在日伪屠刀下，如《大美晚报》朱惺公[②]。他编发的《改汪精卫诗》

---

① 中共中央马克思恩格斯列宁斯大林著作编译局.列宁全集：第28卷[M].北京：人民出版社，1990：364.

② 朱惺公（1900—1939），中国报人。原名松华，又名松庐。江苏丹阳人。家境清寒，早年辍学，后自学写作。曾撰长篇小说在《浙江潮》上连载。1928年任《浙江商报》副刊编辑。20世纪30年代初在上海中国化学工业社广告科任职，并一度兼任《时代日报》编辑。1938年2月任《大美晚报》副刊《夜光》编辑，以此为阵地，在孤岛上海宣传抗日救亡。11月在《夜光》上刊出四期《菊花专辑》，号召国人效仿菊花与西风战、严霜战；并刊载《改汪精卫诗》，讽刺汪伪政权汪精卫。1939年8月30日被日伪特务杀害。（参见童兵.新闻传播学大辞典[M].北京：中国大百科全书出版社，2014：979.）

堪称"绝唱":"当时慷慨歌燕市,曾羡从容作楚囚。恨未引刀成一快,终惭不负少年头。"因而最终遭到汉奸特务残杀。为此,抗战胜利后,上海报业公会曾经公祭了15位"新闻烈士",表彰了13位"忠贞报人"。① 面对如此英雄辈出的风云画卷,神话般的"小方热"以及如下"范长江新闻奖"获得者的顶礼膜拜岂非莫名其妙:"面对25岁的小方、我国抗日战争时期第一个消失在战火中的战地记者,我们只能仰视和跪拜!"②

三

即使就方大曾所属战地摄影记者群体而言,无论当时,还是后来,也同样有大批新闻名家,有的专业,有的业余,从沙飞身上可略见一斑。沙飞③,与方大曾同年出生,抗战期间拍摄了一系列传诵至今的新闻图片,如《战斗在古长城》、白求恩做手术、聂荣臻与日本小姑娘,以及鲁迅先生平生最后也最有名的照片等。1988年,中国新闻摄影学会设立中国新闻摄影界最高奖——沙飞奖。2012年沙飞诞辰100年之际,《摄影世界》发表文章,对其一生作了评价:"沙飞是中国人民革命摄影事业的先驱者、组织者和领导者,是中国摄影史上划时代的人物,他的名字永远镌刻在中国摄

---

① 散木.民国报人钱纳水[N].中华读书报,2017-07-05(14).
② 赵拴.中华民族当向25岁的"小方"行注目礼[N].中华读书报,2017-06-21(12).
③ 沙飞(1912—1950),中国新闻摄影记者。原名司徒传。广东开平人。1935年6月入上海黑白影社,1936年在《生活星期刊》《作家》《光明》《良友》《时代》《中华图画》《中流》等报刊发表鲁迅照片和反映工农大众困苦生活的照片。抗日战争爆发后,前往华北前线,任全民通讯社摄影记者,采访平型关大捷,成为人民军队第一个专职新闻摄影记者。后任抗敌报副主任、晋察冀画报社主任、华北画报社主任。1939年任晋察冀军区新闻摄影科科长。1940—1946年共办了8期摄影训练队,颇有影响……(参见童兵.新闻传播学大辞典[M].北京:中国大百科全书出版社,2014:993.)

影史的丰碑上。"① 其实，从良友画报到晋察冀画报，从人民画报到解放军画报，如此人物与故事俯拾皆是，在新闻界更是广为人知，如吴印咸、徐肖冰、侯波、石少华②、高帆等。袁牧之等拍摄的纪录片《延安与八路军》，也提供了许多鲜活真实的新闻记录，如今影视作品时常采用的历史镜头均出自这些弥足珍贵的影像作品。③

需要指出的是，这些新闻或影像作品与社会历史息息相关，用马克思恩格斯论报刊的话说："每日都能干预运动，能够成为运动的喉舌，能够

---

① 蔡毅. 沙飞：化作飞沙当空舞［EB/OL］.（2021-06-23）[2021-06-27]. https://www.cpanet.org.cn/detail_news_128216.html.

② 为纪念石少华诞辰100周年，2018年9月30日《光明日报》刊发记者于园媛的报道《从硝云弹雨中走来》，其中写道：

　　石少华从事摄影工作60载，经历过抗日战争和解放战争的烽火，是抗日战争时期中国共产党敌后根据地摄影事业的开拓者之一。新中国成立后，石少华长期主持新闻摄影工作，后来又成为全国摄影界的主要负责人。在战火纷飞的年代，石少华以相机为武器，投身枪林弹雨。他拍摄的《肃清强敌》《埋地雷》《八路军骑兵部队》《步涉于渤海海滨的洼地》等前线场面，在影像资源极其稀缺的年代，留下了十分珍贵的历史资料。

　　地道战是冀中平原人民进行游击战的典型代表。地道空间狭窄，光线黑暗，而拍摄设备又极其简陋，石少华经过多种尝试，才拍出在构图、光线、场景上皆令人满意的作品。《地道洞口在哪里》《年画后面就是地道洞口出入口》《在地道交叉口的游击队员》《在地下卫生所给伤员换药》等作品，主题突出，充分反映出冀中人民出奇制胜的才智和英勇无畏的精神。

③ 传播学专业出身的青年学者、中国美术学院中国摄影文献研究所主任高初，近年来在中国摄影史方面颇有研究，出版了《最前线：中国共产党抗战图像志》等成果，举办了一系列颇受关注的摄影展，如2017年在中国美术馆举办的"光影人生：高帆、牛畏予摄影回顾展"。2015年的"中国摄影：二十世纪以来"摄影展上，开列了一批中国摄影人名录：老焱若、郭学群、汪孟舒、郑颖荪、吴郁周、舒新城、陈万里、骆伯年、郎静山、庄学本、吴中行、方大曾、金石声、刘半农、林泽苍、石少华、吴印咸、张印泉、郑景康、蔡俊三、梁祖德、黄翔、薛子江、蓝志贵、高帆、牛畏予、徐肖冰、侯波、袁毅平、陈复礼、张其军、刘旭沧、吴寅伯、姚经才、简庆福、曾湘敏、陈宝生、石志民、任曙林、王志平、李晓斌、彭祥杰、王耀东、陈勇鹏、肖全、石宝琇、于晓洋、吕楠、解海龙、吴家林、侯登科、刘香成、姜健、邢丹文、曾璜、安哥、于德水、王文澜……另外，参见《文汇学人》2018年9月28日专题报道《中国战时摄影，"燃起一股热力"》。

反映出当前的整个局势，能够使人民和人民的日刊发生不断的、生动活泼的联系。"[①]也就是说，在新闻发生的当下此刻广为人知，尽到应有的社会责任与历史使命。试看一例。1937年"八一三"淞沪会战期间，即小方失踪前不久，日寇野蛮轰炸上海火车站，炸死炸伤无辜难民近千人。摄影师王小亭第一时间赶到现场，拍下了那张家喻户晓的照片：一位孤苦伶仃的幼童坐在铁轨边号啕大哭，撕心裂肺。照片在有名的《生活》(*Life*)画报刊出后，天下震骇，举世谴责。面对国际舆论，恼羞成怒的侵略军宣称照片是伪造的，悬赏缉拿王小亭，王小亭被迫逃亡香港。与此相对，现在发掘的许多小方图片，当年并没有传播，自然也无声无息，与社会历史相隔绝，如今作为文献聊备一格，但与新闻了不相干了。假定一支汉朝军队远击匈奴，不幸迷失在沙漠之中，从此失联，如今考古学家发现他们的遗骸，于是我们可以说历史上有过这样一支队伍，也可以说他们赍志已殁、壮志未酬，但总不能说这支队伍如何追亡逐北，如何勇冠三军吧。

当然，宣扬小方并非"不当（dāng）"而是"不当（dàng）"，"小方热"的立意或许在于矫正当下新闻乱象，弘扬新闻理想，彰显专业精神。倘若如此，那么，是什么就说什么，一是一，二是二，实事求是说说"报道七七事变"也未尝不可，但不能任性拔高，更不能有意无意忽略丰富多彩的历史运动与新闻图景，包括无数默默无闻为人民的中国记者，如成千上万做出历史贡献的业余记者通讯员，而方大曾只是其中普通一员。对此，即使不讲共产党共和国新闻工作的群众路线如全党办报、群众办报，不论人民记者的基本要求如"政治坚定，业务精湛，作风优良，党和人民放心"，至少也应遵循根据事实来描述事实（相对于根据希望来描述事实），这既是一条新闻铁律，也是知人论世的学术底线。

四

虽说严肃学界不会在意"小方热"，不知"小方是谁"也无关宏旨，

[①] 中共中央马克思恩格斯列宁斯大林著作编译局.马克思恩格斯全集：第7卷[M].北京：人民出版社，1959：3.

但其中折射的一些学风问题却不无普遍性，故不能听之任之，也不能不审问之、慎思之、明辨之。在2018年全国宣传思想工作会议上，习近平总书记重申了马克思主义在哲学社会科学领域的指导地位。所谓指导地位，首先在于坚持唯物史观的立场、观点和方法，包括认识层面的实事求是与价值层面的人民主体，前者是基础，后者是灵魂。如果不是根据事实而是根据希望把握事实，如果不是"坚持发展地而不是静止地、全面地而不是片面地、系统地而不是零散地、普遍联系地而不是单一孤立地观察事物"，而是忽略事实发生的历史脉络与社会语境，脱离事物之间普遍的、有机的、变动的内在联系，乃至于抓住一点，不及其余，只见树木，不见森林——此类现象从专家著述到博士论文同样时有所见[①]，那么，不仅有悖实事求是原则，而且有违求学问道的基本准则，更不用说体现以人民为中心的价值导向了。钱乘旦针对时下学风所作的批评，也值得新闻研究深思：

> 事实是检验学术的基本标准，也是最主要的标准。学术当然有诸多标准，比如规范与否、文字好坏、逻辑如何、论证怎样，等等；但这些只属于第二层次甚至第三层次，不符合第一层次的基本标准。现在学术界有一个通病，就是脱离事实，凭空想象，从推理到推理，从书本到书本，从理论到理论，从逻辑到逻辑。殊不知，逻辑的正确不意味着事实的正确，一旦事实不正确，一切都不正确。[②]

---

① 2018年适逢改革开放40年，一些著述依然延续"两个三十年互相否定"的思路（主要是否定新中国前30年），对新中国新闻业缺乏深入、系统、全面、细致的研究，更缺乏同情之理解，自觉不自觉延续20世纪80年代的一些陈词旧调，率性臧否，随意评说，无实事求是之意，有形而上学之嫌。有学者甚至将前30年的新闻教育与台湾作比，认为前者一无是处而后者长足发展，无视中国人民大学、复旦大学、北京广播学院（现中国传媒大学）等为新中国新闻界培养造就了大批"政治坚定，业务精湛，作风优良，党和人民放心"的新闻工作者，其中许多人也成为改革开放年代新闻界与新闻学的骨干与中坚。
② 钱乘旦.学术研究须根植于事实［M］.光明日报，2018-04-16（14）.

虽然事实正确不见得其他就一定正确，但事实不正确，一切肯定不正确，这也是实事求是的出发点与立脚点。以方汉奇、李龙牧、丁淦林等为标志的一代新中国新闻史学家，开辟了既不同于民国也不同于外国的全新学统，并获得学界普遍关注，包括国际学界，而其精髓正在于实事求是。① 如今，"守正创新"成为新时代文化建设的关键词，而守正之"正"也在实事求是，即马克思主义及其中国化的立场、观点和方法。毕竟人世间一切学问、知识、理论，归根结底都离不开人民创造历史的社会实践，也就是实事求是之"事"。离开实事求是的底线，则无论多么新潮的理论，如何前卫的观点，怎样炫目的新说，都难免游说无根，最终也如南宋吴文英的词作："七宝楼台，眩人眼目，碎拆下来，不成片段。"

另外，将小方生硬比附西方记者罗伯特·卡帕也值得推敲。一方面，

---

① 关于新中国新闻史学的缘起，方汉奇谈过如下背景：

　　这一时期新闻史研究工作的重点，在无产阶级的革命报刊史，比较大的成果就是把中国共产党的新闻史轮廓给勾画出来了，留了一套中央党校的《中国现代报刊史》讲义。这部讲义是50年代初期中央党校编写的，着重介绍和论述了五四运动以后到建国以前的近30年的无产阶级革命报刊的历史。1959年，这部讲义由中国人民大学新闻系作为内部教材铅印出版。当时出版的讲义并未署名，实际上是中央党校新闻班的"四大金刚"——李龙牧、丁树奇、黄河、刘爱芝共同编写的。……后来李龙牧、丁树奇去了复旦大学任教，黄河、刘爱芝去了中国人民大学任教，他们分别又编写了各自学校所需要的教材，这就是：1962年复旦大学新闻系编印的《中国新民主主义革命时期新闻事业史讲义》，1966年中国人民大学新闻系编印的《中国新闻事业史（新民主主义时期）》。

　　总的来说，这几部讲义和教材是新中国前30年中国新闻史研究的主要成果，弥补了旧中国新闻史研究工作的空白，奠定了我国无产阶级新闻史学的基础。为什么这样讲？是因为这几部讲义和教材确实属于建设性的工作。你看戈公振的《中国报学史》，他基本上不谈中国共产党的报纸，《向导》《新青年》《每周评论》等都提到，但主要是用一些基本的数据，大概一两行、两三行就完了，几十个字、百把字就完了。那是因为戈公振的书是1927年白色恐怖时期写成的，所以中国共产党的报纸基本上就不能提了，当然他的书重点也不在后头。[参见方汉奇，王天根.中国新闻史研究的回顾与展望：方汉奇先生治学答问[J].安徽大学学报（哲学社会科学版），2015（2）：98-104.]

卡帕一生亲历并报道了从二战到冷战的各个重大战事，如西班牙内战、武汉保卫战、诺曼底登陆、越战，他的新闻人生引人注目也不在于所谓"第一"，而在于介入历史、影响世界的一系列力作，他的名言更令人过目难忘："你拍得不够好，是由于你离前线不够近。"另一方面，中国记者"扬名立万"为什么非得比附欧美记者呢，其间心态是不是也透露着萨义德剖析的"东方的东方学"，以及刘禾等揭示和批判的"世界秩序与文明等级"呢？① 从邵飘萍到瞿秋白，从范长江到邹韬奋，从邓拓到穆青，一代又一代中国记者在追求自由、解放、独立、富强的伟大斗争中，在向往英特纳雄耐尔的大同信仰中，不是含有一种更高远、更神圣的新闻理想吗？范敬宜的名言"离基层越近，离真理越近"，不比卡帕的名言高出一等，至少各领风骚吧。如果中国记者的专业地位都得由西方记者为其背书，又如何体现道路自信、理论自信、制度自信、文化自信呢？

　　回到开篇问题——小方是谁？一句话，小方即方大曾是一代代中国记者中的一员。他的故事可以作为一段逸闻激励鼓舞后人，但不能背离实事求是，更不能想当然勾画一个隔绝于千千万万新闻人，包括新闻摄影人及其历史作为的孤胆英雄和历史神话。罗马不是一天建成的，抗战新闻史也不是一人谱写的。因此，"小方热"可以休矣，神话终究是神话，而非事实，更非真理，周恩来的名言同样适用于此："只有忠实于事实，才能忠实于真理。"②

---

① 刘禾. 世界秩序与文明等级：全球史研究的新路径［M］. 北京：生活·读书·新知三联书店，2016.
② 周恩来选集：上卷［M］. 北京：人民出版社，1984：239.

业务编

也谈记者*

关于记者，这里谈的都是老生常谈，概而言之，既要讲十八般武艺，更要讲孙子兵法。十八般武艺指新闻与记者的基本功，如采访的功夫、讲故事的本领，如脚力、眼力、脑力、笔力等。孙子兵法指新闻观以及相应的世界观、价值观、历史观。新闻做得好不好，记者当得好不好，无非这两方面的问题，古今中外，概莫能外。

为了此次会议，我从北京提来两套沉甸甸的文集，一套是四卷本的"范敬宜文集"，一套是五卷本的"南振中文集""范敬宜文集"出版有年，"南振中文集"问世不久。众所周知，范敬宜与南振中都是德高望重的名记者，他们的文集可以藏之名山、传之其人，如新时代的新闻火炬，映照后来人的前行方向。习近平总书记期盼的普遍意义与中国特色相结合的学科体系、学术体系和话语体系，在两套文集中也蕴含丰富的、值得开掘的新闻遗产。两位新闻前辈，无论做记者，还是当总编，十八般武艺无不得心应手，同时又深谙孙子兵法，对政治家办报等方略更了然于心。范敬宜就常用成都武侯祠的一副名联对清华学子讲解政治家办报："能攻心则反侧自消，从古知兵非好战；不审势即宽严皆误，后来治蜀要深思。"简言之，政治家办报就是审时度势、攻心为上。

---

* 本文源于 2020 年汕头大学"中外记者研究学术研讨会"的发言稿，发表于《青年记者》2020 年第 34 期，收录时有所删改。

记者与军人

今天之所以想谈记者的十八般武艺与孙子兵法,也是觉得20世纪90年代以来,新闻学的"主流"俨然越来越脱实向虚,而且越来越东施效颦。毛泽东曾为新闻界题词:深入群众,不尚空谈。而当今学界"主流"往往热衷于脱离实际,执着于崇尚空谈,妙语翩翩炫人耳目而不在乎是不是巧言令色,傥论滔滔振聋发聩而不理会是不是实事求是,让人每每想起韩愈《进学解》的自嘲:"口不绝吟于六艺之文,手不停披于百家之编。记事者必提其要,纂言者必钩其玄。贪多务得,细大不捐。"《红楼梦》里贾宝玉揶揄八股的话也值得深思:"更有一种可笑的,肚子里原没有什么,东拉西扯,弄得牛鬼蛇神,还自以为博奥。"

显而易见,在各种行当与学科中,新闻学与军事学最为相近,记者与军人最为相近。假设军事院校,只是培养坐而论道、纸上谈兵之辈,一遇实战,便溃不成军,如战国的赵括,甚至身在曹营心在汉之徒,那么,这样的军事院校岂非成事不足、败事有余。同样道理,如果新闻院系培养的学生只会高谈阔论、夸夸其谈,却不善写消息,发评论,剪片子,做视频,而且,政治立场摇摆,精神价值混乱,那么,这样的新闻学院岂非误国误民、误人子弟?

"新闻专业主义"说辞爱把记者与医生类比,可谓似是而非的皮相之论。医生可以给希特勒看病,也可以给斯大林看病,而军人绝不可能穿着纳粹军服而当着苏联红军。同样,人民日报社记者一旦变身为纽约时报记者,也就不可能再做党和人民的喉舌而只能做他人的喉舌了。这里的关键差别在于"为什么人的问题"。军人总得明确为谁扛枪,为谁打仗,记者也必须清楚为谁说话,为谁发声,而医生则不用考虑为什么人的问题,只需一视同仁对待所有病人,哪怕是十恶不赦的病人。

伯也执殳,为王前驱。事实上,记者与军人不仅可以类比,而且更有相通的实情。借用马克思的精辟说法，军人是武器的批判，记者是批判的武器。在近一个世纪的革命、建设与改革中，中国记者同属冲锋陷阵的战士，而新闻也是生死攸关的一条战线即新闻战线，习近平总书记将这条战线视为意识形态的前沿阵地。武汉抗疫期间，《人民日报》的一篇评论开篇就提到捐躯赴国难、视死忽如归的新闻战士："在抗击疫情的战场上，有一群特殊的战士——驰援武汉的445名新闻工作者。"（《永远与人民共情》）让人不由得想起新中国一位老新闻战士、头牌播音员齐越的辽远心声：

> 我是中国人民的播音员、中国共产党的播音员。我传达的是中国人民战胜艰难险阻走向胜利的声音，我传达的是中国共产党的堂堂正正的真理之声。我以此引为自豪。

因此，任何军事院校，不管是黄埔还是西点，也不管是当年的抗大还是今天的国防大学，一方面无不需要苦练军事本领，射击、投弹、拼刺刀，掌握排兵布阵的条条道道，这些都是军事学必不可少的十八般武艺。另一方面，军事之为军事，军事学之为军事学，还在于或者说更在于孙子兵法以及克劳塞维茨战争论所谈的核心问题，如上将伐谋，如军事是政治的延续。同样，新闻与新闻学一方面离不开纸和笔等专业技能，离不开无线电、互联网、多媒体、融媒体等日新月异的传播技术，就像齐越的声音留给时代的回响。另一方面，新闻之为新闻，新闻学之为新闻学，也在于或者说更在于新闻的"孙子兵法战争论"，即新闻观以及相应的世界观、价值观、历史观。

没有十八般武艺，无论军人，还是记者，就没有战斗力，也就不可能攻必克、守必固、战必胜。而没有孙子兵法，军人不懂得止戈为武，不知道为谁扛枪、为谁打仗，记者不清楚为谁说话、为谁发声，不在乎笔下有财产万千、有人命关天、有是非曲直、有誉毁忠奸，那么，军人就成为杀人武器，如图财害命的雇佣兵，记者也难免胡作非为，而且，本事越大，为害越烈。推翻萨达姆政权的伊拉克战争期间，美军大开杀戒，屠戮生灵，直接间接地导致"伏尸百万，流血千里"的人道主义灾难，也有赖于美国记者鼓噪的"大规模杀伤性武器"等弥天大谎。

技术化与去政治化

新闻学"主流"的脱实向虚问题，主要表现在一方面乐此不疲地痴迷于技术化，另一方面有意无意地热衷于去政治化。或者说，要么忽略十八般武艺，口不绝吟于六艺之文，手不停披于百家之编，要么忽略孙子兵法，或真傻或装傻地回避新闻同样是政治的延续，如甘惜分就此所言：不是傻瓜，就是装蒜。

所谓技术化，就是技术中心论、技术决定论等。新媒体新技术无疑对新闻传播带来革命性影响，但任何技术在任何时代都不是也不可能是特立独行，而是在政治、经济、社会、文化的有机联系中占据其位置，发挥其作用，故而从来不是也不可能是悠悠万世，唯此为大。然而，新世纪以来，技术化热潮一浪高过一浪，一惊一乍，奔走呼号，语不惊人死不休：天要出九个太阳了，地要塌陷西北了，江水不流了，女人不生孩子了，故记者也要灭绝了，从此人人都有麦克风了，十几亿中国人都可以像马云、马化腾，登高一呼，四海云应。人贵有自知之明，反正我不至于把自己与马云、马化腾混为一谈，哪怕我们的麦克风是同一厂家出品的同一款式。

所谓去政治化，说白了就是去马克思主义化，特别是去马克思主义中国化的政治，即拐弯抹角地淡化，乃至自觉不自觉地否定中国革命与中国共产党开辟的中国道路及其价值理想，包括报纸是人民的教科书，是热情维护自己自由的人民精神的千呼万应的喉舌等。更有甚者，去政治化的结果还导致所谓去政治化的政治，也就是马克思主义政治被其他政治取而代之，如自由主义、专业主义等。源于中国道路与马列道统的新中国新闻业仿佛不是以人民为中心，并不断摆脱以个人以及个人主义为中心的所谓"专业主义""四不主义""文人论政"，反而被深文周纳地归入所谓"法西斯新闻学"。1998年，诗人昌耀就曾以形象的诗句，敏锐地概括了这一世界范围的反动潮流：

> 这个世界充斥了太多神仙的说教，而我们已经很难听到"英特纳雄耐尔"的歌谣。（《一个中国诗人在俄罗斯》）

国之大事，死生之地，存亡之道

我与刘昶院长一样，作为"文化大革命"后的首批大学生，40余年来，学新闻，干新闻，教新闻，差不多也如《三国演义》里说的白发渔樵江渚上，惯看秋月春风，已经惯看各路神仙的说教潮起潮落，而山河依旧，人生依旧，太阳照样升起，女人照样生孩子。同样，新闻还是新闻，记者还是记者，实事求是、调查研究、为人民服务等更是中国记者始终如一的座右铭。正如不管武器装备怎么翻新，辽宁舰、山东舰相继出海，歼20飞翔蓝天，但人民军队听党指挥，保家卫国，能打胜仗，始终是不变的硬道理。

因此，我的想法卑之无甚高论，学新闻，做新闻，自然离不开十八般武艺，如采写编评摄，如新技术带来的一系列传播手段的革新。这是必须掌握的基本功，就像军人必须会射击、投弹、拼刺刀，会驾驶坦克、发射导弹、操纵无人机。与此同时，做新闻，当记者，更得懂得孙子兵法战争论。《孙子兵法》开篇第一句就说道："兵者，国之大事，死生之地，存亡之道，不可不察也。"《战争论》一书最核心、最有名的一句话也是：军事是政治的延续。古往今来，军事的第一要义都是国之大事即政治。同样，迄今为止的新闻也是政治的延续，是治国理政、定国安邦的"国之大事，死生之地，存亡之道"。

放眼天下，古今中外一流记者之所以非同寻常，一方面在于十八般武艺炉火纯青，从采访到写作，从消息到评论，从版面到标题；另一方面更在于"孙子兵法"了然于胸，能够审时度势，把握时代风云。回望历史，卓有建树的大记者、名记者没有一个不懂政治、没有清醒的政治头脑，如范长江、邹韬奋、邓拓、穆青，以及斯诺、李普曼、法拉奇、马尔克斯、加莱亚诺等。加莱亚诺的代表作《拉丁美洲被切开的血管》之所以能够成为新闻经典，至今依然具有世界性影响，首先在于作者的政治觉悟与政治意识。《百年孤独》的作者马尔克斯，也是拉美左翼记者，对政治的理解更是别具一格、耐人寻味："我最美好的东西即政治觉悟，也是来自新闻工作。而政治觉悟，众所周知，是对现实的感受能力的最高表现。"

写新闻还是写小说

以此衡量，当下脱实向虚的新闻学以及受此影响的新闻业，在上述两方面显然都存在不同程度的问题。曾有年轻学者发表文章，主张网络时代采访都过时了，记者不必去新闻现场，而只需在网上搜集信息、用视频连线就解决问题云云。这里，有一点既明显又令人费解：20年来一边是貌似高大上的学科体系、学术体系、话语体系迅速膨胀，另一边是新闻领域的突出问题不仅未见减少，反而更为棘手。年均5万篇论文中，不知有几多触及真问题、大问题，又有几多为做而做、自娱自乐。近年来，各地纷纷推进"校部共建"新闻学院，初步遏制了政治价值混乱，扭转了脱离实际、崇尚空谈等趋势，但目前总体上还是治标不治本。因此，不从内部"改造我们的学习"，中国新闻学是难以适应新时代的。

有一次，毛泽东会见印度军事代表团，谈到所有兵器实际上都是炮："坦克是路上行动的炮，飞机是空中飞的炮，军舰是海上行动的炮。"[①] 同

[①] 中共中央文献研究室.毛泽东年谱（1893—1949）：第6卷[M].北京：中央文献出版社，2023：10.

理，就新闻的十八般武艺而言，实际上都是说话讲故事。艾丰、杨伟光等中国人民大学新闻系的同班同学，也是老新闻工作者任一农说得好，记者的十八般武艺说到底无非纸和笔。范敬宜在清华大学执教期间，开设了几门本科生和研究生的专业课，其中还讲授过《文心雕龙》。他的新闻生涯以及"范敬宜文集"，都有不少有话好好说的精彩篇章。如今，一些记者不会好好说话，也在于纸和笔的基本功不够过硬，就像军人打枪脱靶，投弹忘记拉弦儿，开炮弄不好打到自己阵地。2020年中国新闻奖有篇一等奖作品引起关注和争议，不说其他问题，仅看缺少真实的时间、真实的地点、真实的人物而基本用化名，就有违新闻的基本规范如五个W。其实，此类问题由来已久并日益普遍，还被某些新闻理论与实践奉为新潮。如此脱实向虚的笔法，与其说是新闻，不如说是小说。当然，不能说化名的新闻都没有事实依据（小说同样有事实依据而并非凭空虚构），但这种"没头没脑"的新闻难免让人疑惑：记者是依据事实描写事实，还是依据想象描写事实呢？如果说新闻是历史的初稿，历史是新闻的定稿，那么，这种"小说家言"的新闻如何载诸史册？

总而言之，无论新闻学子，还是新闻记者，既要熟练掌握十八般武艺，更要透彻把握孙子兵法；既要苦练采访写作讲故事的本领，更要懂得新闻是政治的延续，关乎治国理政、定国安邦，死生之地，存亡之道。

两年前的这个时节，我在华东师范大学谈到中国传播学的出路时，说过"迷途知返，往哲是与，不远而复，先典攸高"。今天浪费大家的时间，讲点儿老生常谈的话题，也是希望新闻学"主流"能够返璞归真、守正创新，少一些云里雾里的装神弄鬼，多一些立足大地的正心诚意；少一些一惊一乍的神仙说教，多一些为党分忧、为民请命的家国情怀；少一些以洋为尊、以洋为美、唯洋是从的东施效颦，多一些以人民为中心的价值追求，就像"范敬宜文集"和"南振中文集"为中国记者与新闻树立的新时代标杆。

学南振中，当好记者*

范敬宜为"李庄文集"作序时，提及现代中国新闻战线一代崒崎卓荦的"英杰"：王韬、梁启超、章太炎、邵飘萍、瞿秋白、张季鸾、邹韬奋、范长江、胡乔木、恽逸群、邓拓、吴冷西、乔冠华、刘白羽、华山、穆青、李庄……

回望历史，这一英杰序列仍在延伸：郭超人、范敬宜、南振中、段连城、伊斯雷尔·爱泼斯坦、齐越、杨兆麟、郭梅尼、罗开富、杨正泉、艾丰、张严平、吕岩松、庄电一、贾永、王慧敏……也可谓风起云涌、灿若群星。

如此一脉名记者不仅构成了新中国新闻业的脊梁，而且开启了新中国新闻学山高水长的学术源流。

其中，范敬宜与南振中的道德文章在我心中又似双峰并峙、二水分流。范敬宜笔下的李庄，以我耳闻目接的现实感受，何尝不是他本人与南振中的新闻人生之写照：率性淡泊，谦冲自牧，敏悟好学，虚怀若谷，恂恂然有古君子之风；未尝有一日闲居，其勤奋过人有如此者……2004年4月15日，应范敬宜邀请，南振中来清华大学作报告，范院长对师生介绍说：

---

* 本文发表于《新闻记者》2018年第1期，收录时有所删改。

他是我所见到的手最勤的一个记者。从从事新闻事业到现在，一共记了3000多本采访笔记。

他是我见过的工作作风最严肃的一个。任编辑后，每次修改完记者的稿子，哪怕是一个标题、一句话，都要亲自找记者商定，确认"我有没有把你认为最得意的地方删掉，你有没有感到心疼"，担任新华社总编辑后依然如此。

他是我见过的采访作风最扎实的记者，正如他在《与青年记者谈成才》中所说"要立志当一辈子记者，就要作好吃苦的思想准备"。

1978年南振中的代表作《鱼水新篇——沂蒙山纪事》发表时，我正好考入大学，30年后我为国家级精品课程"中国新闻传播史"编辑参考资料时也选了这一名篇。众所周知，范长江新闻奖每届定额10人，唯独1991年第一届为9人，南振中即名列其中。在数十年新闻阅历中，包括担任新华社总编辑与郑州大学新闻学院院长，他更是留下名不虚传的口碑。于是，在推动出版"范敬宜文集"后，我又谋划了"南振中文集"，如今开花结果则清华大学出版社及纪海虹编辑与有功焉。没想到的是，南老师点我为《南振中文集：我怎样学习当记者》（增订本）写篇评价文字，让我一时不知何以自处。静心一想，以往我对他除了遥遥仰慕，也在默默学习，眼下权当又一次学习机会，借机谈谈"学南振中，当好记者"的话题。

无论是范敬宜笔下的英杰序列，还是上述延伸序列，尽管年代不同，成就各异，但为人民服务则其致一也。其中，范长江与邹韬奋向称典范，因而长江韬奋奖也就成为中国记者的最高荣誉。这一脉新闻记者不妨称为"人民记者"，犹如陆定一《我们对于新闻学的基本观点》所言"人民公仆"。对他们来说，人民既是唯物史观的抽象政治主体，也是5000年文明、960万平方公里热土、56个兄弟民族的活生生现实——"江山就是人民，人民就是江山"。所以，人民立场、以人民为中心自然构成他们的鲜明共性，毛泽东为《大公报》题写的"为人民服务"更成为一代代人民记者的共同心声。

这几年每逢记者节，央视都播出一台"好记者讲好故事"的特别节目，产生良好反响。何谓好记者？好记者固然需要"讲好故事"，同时更需明确为谁讲故事、讲谁的故事，就像明确为谁扛枪、为谁打仗，为什么人的问题确实是个根本的问题、原则的问题。由此说来，中国好记者应是马克思说的，"无所不在的耳目""热情维护自己自由的人民精神的千呼万应的喉舌"。质言之，如果说实事求是是新闻的生命，那么为人民服务就是记者的灵魂。

南振中正是这样一位名副其实的人民记者、好记者，他的新闻生涯突出体现着实事求是的专业精神和为人民服务的新闻理想。正如他在这部书中写道的："新闻记者有一个最基本的出发点，就是要充分反映人民群众的利益。"且不说他在新华社山东分社20余年，一身泥巴汗水行走于齐鲁大地，终年有三分之二以上时间沉在基层，在艰苦的沂蒙山和贫困的鲁西北两个村子还蹲点两年，也不说他在总社组织策划一系列不离渔樵、不远稼穑的报道，只看他晚年出任郑州大学新闻学院院长，将穆青手书座右铭"勿忘人民"作为院训，刻在石碑上，立于楼门前，以此塑造新闻后备军的"军魂"，就不难体察人民记者为人民的赤子之心。

有一次参加人大系统好新闻奖评选，他的一席话，令我印象深刻。当时，他是全国人大外事委员会副主任委员，兼新闻奖评委会主席，由此谈到我国根本政治制度的"三位一体"问题。他说，党的领导不容动摇，依法治国毋庸置疑，而人民当家作主及其"实现形式"还需用心落实。一番话入情入理、朴素实在，也体现了人民记者一片拳拳深情，即便居庙堂之高，也始终不忘初心忧其民。

1985年元旦，在即将离开山东分社而奉调总社工作的日记中，四十出头的南振中谈到自己人生规划的三个二十年：第一个二十年在学习积累，第二个二十年在锻炼成长，第三个二十年"理应为党和人民作出贡献"。

他在日记结尾写道：

> 2004年，是我人生第三个"二十年"的截止期。到了那个时候，我只希望能有资格说一句："无愧于党的培养和人民的重托！"

现在，距2004年又过去10余载，事实表明南振中确实不负平生志愿。

他的第一部著作《我怎样学习当记者》也可视为一位人民记者的成长录，展现了"把自己锻炼成为一个能够自觉坚持党性原则的、大有益于人民的、合格的新闻记者"的心路历程。本书原版问世于1985年，一出版就受到普遍关注和好评，从而一印再印。虽然时过境迁30多年，但读着装帧简朴、纸版粗疏的原版书，依然觉得鲜活生动，字里行间散发着一股浓郁的、清新自然的气息，既引人入胜，又发人深思，对年轻记者和新闻学子尤为适用与实用。因为，世事无论如何变化，事理往往依然如故，如心系人民的新闻理想、调查研究的工作作风、清新朴素的报道文风。试举一例：

> 1965年夏天，我到定陶县万福公社采访一所半耕半读的卫生学校。那时，从菏泽到万福公社不通汽车。我从菏泽县沙土集往南走，正赶上大雨。大平原上的路，没有明显的标志，加上雨下得天昏地暗，一道又一道的台田沟横在我的眼前。我迷了路，漫无目标地向前走着。天色渐晚，我有点发慌。忽然，发现了一排电线杆子。我想，电线肯定是通大集镇的，顺着电线走，说不定会找到公社驻地。我索性不去找"路"，沿着电线指引的方向，走了大半天，终于找到了万福公社。当我走进党委办公室时，已经成了一个"泥人"。

1964年夏天，郑州大学中文系辅导员郭双成老师为分配到山东分社的年轻大学生南振中题写了两句临别赠言,一副出自吴昌硕的篆书联:"心中别有欢喜事,向上应无快活人。"(原句出自白居易的两首诗)半个世纪后的2015年新学年开学之际,已是母校新闻学院院长的南振中又把这两句话送给大一新生并解释说:"欢喜"是佛家语,指心灵的宁静和愉悦,与世俗的"快活"是两个不同的概念,"快活"更多侧重感官的享乐。一个人心中别有向往,别有追求,别有期许,就会放弃许多世俗的"快活",心甘情愿吃苦受累,不断进取,从而达到更高的人生境界,如同范仲淹"先忧后乐"的精神追求。本书开篇《新闻记者——令人羡慕的"苦差事"》的结尾,就借这两句话表达了他对记者之道的理解:"'心中别有欢喜事,向上应无快活人',我万万没有想到,辅导老师的这两句题词那么快就应验了。在新闻工作岗位上,我很快就尝到了它的艰辛。一些蒙在'新闻记者'这块牌子上的浪漫色彩渐渐褪去,我越来越意识到,我将毕生从事的职业,是一个令人羡慕的'苦差事'。"

本书第一版缘起于1983年他在四川新闻干部进修班的授课讲稿,当时他刚过不惑之年,是新华社最年轻的分社社长。起初,进修班定的讲授题目是《我的新闻实践》,他认为这是个大题目,自己无力承担,尽管已当了20年记者,还是觉得没有多少经验。为此,他提笔给主办方去信,请求将授课名称改为《我怎样学习当记者》,以便"从头到尾,讲自己在学步过程中的心得体会,既包括成功的经验,也包括走过的弯路"。穆青称他"忠厚、谦逊、原则性强,且不善张扬",为人为文,若合一契,于此可见一斑。涉猎他的其他著述,如"南振中文集"中《记者的发现力》《与年轻记者谈成才》,以及《学习点亮人生》《大学该怎么读——给大学生的75封回信》,也能体会为人为文和"学南振中,当好记者"的意味。我读南振中,总会联想到白居易、范成大等诗人与诗风,明白晓畅,务期达意,"一语天然万古新,豪华落尽见真淳","欲为平易近人诗,下笔情深不自持",毫无头巾气、矫饰味,唯见正心诚意、本色天然。

增订本又补充了"《我怎样学习当记者》涉及的新闻作品",包括《鱼水新篇——沂蒙山纪事》《访南斯拉夫日记》等佳作，与前面的讲述内容彼此映照，相得益彰，更便于学习。其中，有道有术，道寓术中，既可以感悟为人民的新闻理想，又易于学到当记者的十八般武艺。加之内容都是亲身经历，涉及记者工作各个环节，实实在在，老老实实，有过五关斩六将，也有失荆州走麦城，读来平易近人，"通俗而又深刻"（穆青）。再举一例：

> 我刚当记者的时候，采访写作的毛病是"快而浅"。后来，在采访上注意下功夫了，每次都搜集大量的新闻素材，但是，却不善于提炼，往往被许许多多的生活素材所包围。由于自己没有明确而集中的思想，所以，对大量生活素材无法取舍，这也想写，那也想写，"大而杂""全而浅"，真有点像高尔基讽刺的那样，"把鸡和鸡毛一起炒"。这种既不拔掉鸡毛又不掏去内脏的"炒全鸡"，自然不会受到食客的欢迎。

久闻南振中有个"万宝囊"，是其记者生涯积攒的数千个采访笔记本。我觉得，有朝一日若能整理出版，也会是新闻学的一笔财富，对当代史、社会学、民族志同样具有学术价值。说到采访，新闻中人都知道，记者记者，在记录历史初稿，亦即新闻之前，先得采集记录新闻现场的所见所闻、所知所感，所谓"七分采、三分写"。战地记者罗伯特·卡帕说得好：你拍得不够好，是因为你离前线不够近。《人民日报》记者王慧敏也认为："记者，就是把新闻现场作为战场的战士。"虽然有人论证说新媒体时代采访已经过时，仿佛坐在写字楼、办公室上上网、连连线，就可以攒出新闻，但我相信亲眼看、亲耳听、亲身感受、亲笔记录的现场感，总是新闻之所以为新闻而非其他的第一要义，"裤腿上永远沾着泥巴"更是人民记者的第一印象。为此，如何采访，如何记录，就成为记者的基本功。本书也谈到这方面一套实用管用的做法，包括整理笔记本的六件事，举一反三同样适用于媒体融合的新时代。

毋庸讳言，由于社会转型与媒体变革，俯首甘为孺子牛的人民记者身影日益漫漶，渐行渐远。有位记者将拙著《水木书谭：新闻与文化的交响》称为"古典新闻观的挽歌"，所谓古典新闻观者，"报纸是人民的教科书"之谓也。读南振中一边心有戚戚，一边忧心人民记者及其理想是否沦为或即将沦为"古典新闻业"的挽歌。大雅久不作，正声何微茫。十几年前，听范敬宜院长谈及他与穆青在一起的一幕晚景，栩栩如生，如在眼前：暮色苍茫中，两位老党员、老记者面对"世风日下"，愀然相坐，默然无语……令人多少欣慰的是，近年来"走基层、转作风、改文风"中时有年轻记者崭露头角，从《走基层——塔县皮里村蹲点日记》《大国工匠》等新闻作品，到《农民中国》《崖边报告——乡土中国的裂变记录》《塘约道路》等现实主义书写，都不难感到人民记者绵绵不绝的精神血脉与生生不息的新闻魂魄。特别是十八大以来，各个领域日益强调人民立场，不断落实以人民为中心的工作导向，也给新闻界带来一缕新风新气象。

2014年我在荣获范敬宜新闻教育奖的获奖感言中谈到，自己30年新闻教育经历无非"培养有灵魂、有文化、有梦想的中国记者"。在我看来，人民记者、好记者不仅正心诚意有灵魂，而且淹博清通有文化，就像范敬宜和南振中。如果说范敬宜作为范仲淹二十八世嫡孙并出身江南世家而得益于家学渊源，那么来自古弘农郡的普通人家子弟南振中就以勤奋好学、孜孜不倦而成为饱学之士。除了精湛的新闻业务能力，他们的文化底蕴、知识水平、理论素养在业界学界同样出类拔萃。南振中的博览群书、好学深思，更令读书人钦佩不已。

上学时，南振中就有意放弃功课满分的追求，把考试目标调整为80分，主要精力用来"横扫图书馆"。于是，有舍有得，收获自不待言。后来，他在回忆大学经历时说："白天，除了上课，我就到开架阅览室读书；夜晚，把从图书馆借来的小开本图书带到宿舍，仔细阅读；星期日早饭后步行到河南省图书馆，阅读中外名著，摘抄与唐诗有关的资料。"

工作后，无论多忙，他依然手不释卷，一直孜孜以求。南振中读书之广、之细、之深在新闻界传为美谈，穆青对此的吃惊和感叹相信许多人都深有同感："工作异常繁重，但从没有间断学习。一有空余时间，就用在读书上面。除了马列著作和毛泽东、邓小平理论，新闻学、经济学、哲学、心理学、军事学、社会学甚至是医学著作也是他阅读的范围，涉猎之广，既让人吃惊，也让人感叹。"尤其是，他并非死读书，读死书，而是既读有字书，又读无字书，并有章有法、活学活用，特别注重独立思考、融会贯通、理论联系实践，逐渐形成一套行之有效的方法，从而既能不断完善自己的知识体系，又能不断适应时代变化和工作需要。

联想当下，忧从中来。南振中在郑州大学读书时，学校印发了一份北京大学中文系的500种书目，他按照书目认真阅读。我在郑州大学时，也得到一份教育部的400种书目。后来，我为学生草拟的"新闻传播学基础阅读书目"，最初也是400种，然后减为200种，最后减为100种，即使如此，还有学生总是望而生畏。今年清华大学新闻学院考研复试中，有位修读英国文学的考生答不出一部莎士比亚作品；历史系出身的考生没有翻过一部中国通史；青岛的考生不清楚五四运动与家乡的关联；法语专业的考生认为，火烧圆明园是"可以理解"的"一个错误"。无独有偶，在今年某家中央媒体的入职笔试中，有位考生回答："《西行漫记》又名《西游记》……"诸如此类，不一而足，正所谓"刘项原来不读书"。

南振中曾为新华社年轻记者做过一场报告，题为《把"阅读"培养成为一种爱好》。针对有人觉得读书是件苦差事，不如手机好玩，视频轻松，南振中用生活经验开导说，年轻人喜欢锻炼，跑步啊、打球啊，汗流浃背，气喘吁吁，为什么不觉得累，不感到苦呢，因为喜欢。"长时间里持续不断地爱好同一项运动，就会养成不容易改变的习惯，苦和累也就融入了快乐的感受之中。"同样道理，若把阅读培养成为一种爱好，也一样乐在其中并乐此不疲。他还介绍了一个通读大部头的经验，称之为"化整为零"或"积零为整"：

《列宁选集》第 1 卷 858 页，第 2 卷 1005 页，第 3 卷 933 页，第 4 卷 765 页，4 卷合计 3561 页。由于采访报道任务繁重，要在短期内读完这 4 大本书，的确有一定困难。为了解决读书同时间的矛盾，1973 年元旦我拟定了一个总体学习计划：按照每小时平均 10 页的阅读速度，将《列宁选集》1—4 卷通读一遍需要 356 个小时。如果每天挤出 1 小时，不到一年就可以把《列宁选集》1—4 卷通读一遍。有了这个总体规划，零碎时间就像珍珠一样被串了起来。实践的结果是只用了 6 个月，就把《列宁选集》通读了一遍。

　　宁可十年不将军，不可一日不拱卒。这个经验也点拨了我，借用这种方法果然见效，《史记》《资治通鉴》《鲁迅全集》等都是这样用一年半载时间"啃"了下来。

　　香港城市大学原校长张信刚年轻时在美国读研究生，一次出席名家云集的研讨会，同他合作的资深教授让他主讲。不得已，他先用了一个中文谚语"江边卖水"，用英文一翻译，得到一片会心赞赏。此时，我的心情也同当年张信刚一样，不管怎样用心用力，都像江边卖水。如果说南振中是新闻界静水流深的长江大河，那么我只能取一瓢饮。南老师美意将拙文置于书前，而我知道其实是一点儿学习心得与杂感，既不敢冒称评价，更不敢自视书序，谨以此就教于作者与方家。

中原六日新闻行 *

新闻与文化的交响

疫情之后，立夏时节，因缘巧合安排了一次讲学活动，游历七地十二天。其间，中原六日，从汝河到确山，从汴梁到商城，从平西湖到三苏坟，穿行于"新闻与文化"之际，留下星星点点的鲜活印象。

新闻与文化，也是范敬宜老师在清华大学开设的几门课程之一，更是临终托付的两门课程之一。2023年，范老师故去13年，我接手新闻与文化课程12轮。4月结课时，带领清华学子，来到未名湖畔斯诺墓，与北京大学新闻师生一起，浸润历史，感受文化，怀念红星照耀中国，畅谈斯诺新闻精神。

结课月余，来到中原，先在开封讲"新闻与读书"，后到平顶山谈"新时代新闻观"。蒙主人安排，有三次出游。第一次，来回两天，去汝河，下乡处，半个世纪过去，弹指一挥间。第二次，访豫南大别山，名曲《八月桂花遍地开》诞生地，来回也两天。第三次，寻郏县广阔天地大有作为人民公社，即今天的广阔天地乡以及三苏坟，均在运筹帷幄决胜千里

---

* 本文发表于《新闻爱好者》2023年第8期，收录时有所删改。

的张良故里，故郏县有条"张良路"。

1974年，我从边城回到祖籍淮河畔、汝河滨，读完高中，上山下乡。翌年赶上"75·8"大洪水，目睹汝河泛滥，波涛汹涌，人畜漂浮，顺流而下。2021年郑州"7·20"特大暴雨耸动天下，而"75·8"有过之无不及。汴梁讲学后，适逢周末，新院长、老朋友听说我想去下乡走走看看，便安排车辆，并有涛博士相伴前往。

陈蕃黄宪一水间

第一天，一大早，风和日丽，天朗气清，由古城南下，经周口，过平舆，先到当年知青点——平舆正阳之交、汝河淮河之间的小村庄。选这条线路，也是由于"75·8"后曾想骑车去平舆。一条汝河，隔开两县，正阳在南边，平舆在北边。当年，县城以下，多是土路，雨后放晴，路面遍布坑洼起伏、歪七扭八的车辙，走起来都困难。于是，骑行不远，难以为继，只好望路兴叹而作罢。40多年后，今天也算一遂当年愿。

从汴梁到平舆，走高速3小时，午饭时分赶到，简单吃点东西，先慕名前往陈蕃公园。人杰地灵，徐孺下陈蕃之榻，说的就是平舆陈蕃。这位东汉末年的名士，位列三公，朝野称誉，谋诛宦官，失败被杀。陈蕃公园占地百余亩，曲径通幽处，半亩方塘开，绿荫满目，清风入怀，临池遐想，思通千载。

没有想到，平舆去年还入选国家级文明城市。虽然走马观花，浮光掠影，但县城南边的迎宾大道，开阔平坦堪比起降大飞机的跑道。而当年，由于这条道路行路难，让我不得不"半途而废"。迎宾大道接着省道，路况近乎高速，约半小时，就抵达平舆正阳交界的汝河。

汝河，属淮河水系。1975年8月，汝河上游的板桥、中游的宿鸭湖等数十座大中小型水库相继垮坝，导致仅次于1976年唐山大地震的灾难。当年，我初到下乡处，一条新建大桥耸立河床，气势不凡，如今废弃，荒草丛集，如白发渔樵江渚上，伫望着800年前苏东坡范仲淹先后途经此间的如烟往事，诉说着刘邓大军"狭路相逢勇者胜"的英雄传奇，也见证着"75·8"大洪水的"天地不仁"。

10年前，来这里，看到汝河已如死水，泛着幽幽绿色，好似闻一多笔下的《死水》：这是一沟绝望的死水，清风吹不起半点漪沦……而今，故地重游，但见汝河又成为一条清流，两岸风光旖旎、生机盎然。同样，曾经随处可见的池塘、水渠、小河，以及水面阔大的水库等，十年前不是难得一见，就是萎缩变质，一些村落几近荒废。而今，放眼望去，沃野千里，平畴无限，暖暖远人村，依依墟里烟，晴空一鹤舞翩跹。

前行一小时，又到淮河边，我的父母故里。1947年，刘邓大军在此涉水渡河，大军刚过，山洪暴发，国军追兵眼睁睁看着我军远去，直趋大别山。乔羽刘炽的名曲"一条大河波浪宽，风吹稻花香两岸，我家就在岸上住，听惯了艄公的号子，看惯了船上的白帆……"，唱的也是这里的风光节物。曾几何时，淮河生态同样污染，经过大力整治，已经初见成效，当地人说起来也不由得感叹。

变化最明显的还数正阳县城，一派现代化气息，道路整洁，秩序井然，新建的四星级迎宾馆，即原来的县招待所，同"七七高考"入住时不可同日而语。房间里，摆放着一摞期刊，包括县文联主编的《正阳文艺》。平舆有陈蕃公园，正阳有黄叔度路。黄宪，字叔度，与陈蕃均列魏晋风流之翘楚。《世说新语》开篇就讲陈蕃和黄宪：一个"登车揽辔，有澄清天下之志"，一个"汪汪若千顷波，澄之不清，淆之不浊，不可量也"。

追寻范长江

第二天，也是中原之行第三日，依然艳阳高照，晴空万里。返程途中，拐到范长江最后岁月的五七干校、"小延安"竹沟、板桥水库。出正阳西行不久，即是京广线的小站明港，今属信阳市。明港虽小，名气不小，这里的五七干校，同信阳南边的武汉、武汉南边的咸宁五七干校一样，也曾名家云集、星斗满天。明港西北行，车程一小时，就到确山县瓦岗镇芦庄。同行涛博士，豫北安阳人，家在隋末义军的瓦岗寨，又见瓦岗名，故觉格外亲。芦庄外，大路边，有交通指示牌"范长江罹难处"，箭头标明沿此方向前行100米。

20世纪50年代后，范长江从新闻界转入科技界，60年代末，随国家科委的五七干校来到芦庄，1970年在此投井，同邓拓一样成为新闻界的悲歌。正午时分，阳光刺目，气温30多摄氏度，尚无暑热之感。田野静悄悄，阒然无人影，但见百米处有座小亭，顺着乡间土路走过去，发现亭子是芦庄村民建的，亭中立碑，言语率直，书法朴拙——"我们永远想念您"。原以为亭子就在罹难处，正疑惑怎么不见井时，见一村民赶着一群羊施施而来。经指示，发现井在不远处的麦田中。小满将至，麦子快熟，小心翼翼蹚进去，便见一块空地一口井，井盖压着半边井口，阳光照射下黑洞洞的，不见深浅。

距井百米，有国家科委的五七干校遗存。干校大门可通一辆卡车，左边门柱挂有"驻马店市薄山林场芦庄林区"的牌子。围墙院落约有半个足球场大小，迎面一排颓败宿舍，大多无门无窗。拐过宿舍，见一对老人，坐着纳凉。老翁自称88岁，头脑清楚，应对如流，谈起干校事，聊到范长江，头头是道，还说范长江与众不同爱读报。不过，听研究范长江的威教授提示，齐东野语还需慎重。干校宿舍后，有当年的礼堂兼饭厅，如今用作羊圈。无论礼堂，还是宿舍，都是干校学员自己动手盖的，砖墙瓦顶，工整气派，有别于当年本地的茅屋草舍。算起来，我作为知青下乡时，距离芦庄不过百十公里，那时对范长江茫然无知，只记得读到邓拓的《燕山夜话》爱不释手。邓拓是河南大学学子，而我有幸忝列河南大学黄河学者，冥冥中似乎注定了新闻因缘。

从芦庄去竹沟，半小时车程。进入确山已见山峦起伏，原来确山确有山。前往竹沟，更见山路蜿蜒，起伏盘旋。由此也明白烽火岁月，这里何以成为"小延安",原来也如井冈山的斗争,钻山入岭,星火燎原。读万卷书,行万里路,许多问题就清楚了。此次出行,先到金陵,澳门科技大学弟子陪着镇江一日游。镇江,古称京口,隔江相对有瓜洲、扬州,在古诗文中留下多少名篇:"汴水流、泗水流,流到瓜洲古渡头,吴山点点愁……"而到瓜洲,一下就明白王安石描绘的"京口瓜洲一水间,钟山只隔数重山"。确山竹沟革命纪念馆建成于1959年,周总理题写馆名。不巧的是,眼下正在闭馆修缮。

昨天经过汝河中游,今天来到汝河上游,由于"75·8",汝河上游的板桥水库一夜而为天下知。我曾目睹大洪水,板桥之名更是刻骨铭心。于是从竹沟到板桥,想一睹水库容貌。来之前,想当然,觉得豫南第一水库,当是深沟高坝,耸然山间。不然的话,怎么会夜半溃坝,一泻汪洋呢?据死里逃生者说,库水倾泻而下时,水头平推,浩浩汤汤,约数十层楼。而没想到,水库所在的板桥镇,竟是一望无际大平原。伫立水畔,放眼天际,才见一脉浅吟低唱的山峦。目睹山清水秀,沐浴风和日丽,难以想象当年天崩地裂的情景。

汴梁夜谭

回到汴梁,夕阳西下,晚霞给古城又平添韵致。晚上,在一处清净饭馆,与隔绝数年疫情的"青椒"畅叙幽情。席间,谈及核心期刊文章、研究生论文选题等学风问题,也觉无力无奈。我说,不怪学生迷恋既酷又炫的"屠龙术",如今学界"主流"颇有齐梁之风,七宝楼台,炫人眼目,拆碎下来,不成片断。青年学子追新逐奇,天性使然,有时分不清真才实学与皇帝新衣,正如分不清妇女解放与女权主义、每个人自由发展与自由主义、正面宣传与建设性新闻。于是,在一波未平一波又起的新潮西潮冲击下,在专业主义、身体政治、物质性、具身性等魔幻催眠中,难免五迷三道,乃至走火入魔。

特别是，面对五光十色的媒介新技术，数十年来，从理论到理论、从逻辑到逻辑、从纽约到伦敦的流行语，依据想象纵论天下、畅谈未来，新潮概念前呼后拥，"三言二拍"一惊一乍，颠覆性重构、结构性重组、系统性重建云云，不仅新闻学不再是新闻学，新闻人不再是新闻人，而且从此山不是山，水不是水，地里不再种庄稼，女人不再生孩子，甚至太阳也不再升起——刘建明教授一语中的称之为"无知憨态"。刘老师作为新中国的首批新闻学博士，入学之前曾任某市广播局局长。

当此时，研究生痴迷时学或伪学，也就不足为奇了。有道是，苦海无边，回头是岸，跳出装神弄鬼、不知所云、云里雾里、游说无根的苦海，立足大地包括中原大地，本有多少实实在在的真问题、真学问。如河南第一位范长江新闻奖获得者王天定，工农兵通讯员出身的土记者，数十年扎根基层、深入群众，这样的人物及其时代本应成为硕博论文的选题，其中蕴含的学理也是赵汀阳揭橥的"以行为本"：

> 中国古代思想家对于那些"更高的"（the higher）或"隐藏着的"（the hidden）万物之理的知识论兴趣非常有限，而更多地关注那些道不远人、亲身可即的万事之理，特别是政治、社会、生命和生活之理。（《每个人的政治》）

八月桂花遍地开

想到王天定，也是因为接着两天，再赴豫南大别山，参观他的一个新闻摄影展。于是，中原之行第四日，便同鹏院长等四位老师一起南下商城，来回虽然紧张，行程收获满满。信阳商城，位于大别山腹地，途中经过司马光、邓颖超的故里光山，李德生、许世友的老家新县，新县以及信阳地区有数十位开国将领。王天定的摄影展在商城的里罗村举办，一个远近闻名的旅游打卡地。活动之前，意外邂逅两位老同学，省报原总编辑和省农村报原总编辑，他乡遇故知，愈发心欢喜。特别是，说曹操，曹操到，其中一位还曾写过第一部"75·8"的著述，调查深入，叙事翔实，分析透辟，读后难以释怀。

影展活动，红火喜庆，信阳、省报、商城等主要领导出席，河南大学、郑州大学代表在开幕式上揭牌教学基地。影展内容之丰富，大出意外。总计3000幅照片，配上文字说明，制成百十块展板，摆放在里罗村的旅游线路旁。所有展品分为两个系列，一是大别山以及中原地区开国将领的照片及其简介，二是将军家乡的旧貌新颜。历史现实，两相映照，生动直观地展现了新中国从哪里来，也提示了中国式现代化的大道之行。作为红色圣地之一，千里大别山是红二十五军发源地，也是刘邓大军千里跃进的根据地。一曲《八月桂花遍地开》，寄寓了革命理想高于天的壮怀深情。1964年，周总理执导大型音乐舞蹈史诗《东方红》，在第二场《星火燎原》中选用了这首歌，从此，《八月桂花遍地开》更是与《农友歌》《南泥湾》《解放区的天》等一道，深入千家万户，唱响天南地北。

我的专业虽是新闻学，还曾在中原下乡、求学、工作近20年，但也是此次机缘，才了解王天定，感悟他的工作与作品，对此，不是一句孤陋寡闻就可以敷衍的。想起老同学解记者，在校时勤奋刻苦，热爱新闻，笔耕不辍。毕业后进入新华社，退休前任《新华每日电讯》总编辑，并把电讯办成有司满意、百姓喜欢的新闻纸，或者说"党和人民放心"。这位老同学与王天定一样，同为工农兵通讯员出身，年轻时在社会生活与新闻实践中摸爬滚打，不仅写出刊于省报的新闻作品，而且同工农兵"学哲学、用哲学"的许多作品一样，理论水平之高，不在专家学者之下。

睫在眼前长不见，道非身外更何求。面对此类新闻实践、新闻人，不由得常常反思自身以及新闻教育新闻学的沉疴痼疾，包括学术研究与人才培养。就学术研究而言，数十年来脱实向虚，虽然近十年来大环境今非昔比，但受制于一些评价体系及其体制机制，包括"国际接轨国际化"、量化考核非升即走、"机械性僵硬"的学八股，以及"以洋为尊、以洋为美、唯洋是从"等学术心态，活生生的王天定们往往难入学界法眼。因此，虽然党和国家倡导立足中国大地、为人民著书立说，费孝通、甘惜分也敲黑板、画重点"学术的用处就在为人民服务""立足中国土，回到马克思"，但兀自对空言说、自娱自乐者仍不乏其辈。值得欣慰的是，新闻学新青年日益觉悟觉醒，不断展现新时代的文化自觉与学术自觉，如一批新人耳目的硕博论文选题，包括陈望道、安岗、范敬宜、郭超人。为此，这些年我们与河南大学一起推出一套"中国新闻学丛书"，也希望扭转空疏之风、浮泛之气。建党百年时出版第一辑 10 种，今年付梓第二辑，同样预计 10 种。

人才培养问题，更是引人注目。如果说教育的根本问题在于培养人，那么培养人的根本就在于什么人培养。如果说新闻教育的目标在于培养"政治坚定、业务精湛、作风优良、党和人民放心的新闻工作者"，那么教育者首先得是社会主义及其新闻事业的建设者和接班人，而不能是旁观者，更不能是掘墓人。赵鼎新在《社会与政治运动讲义》中谈到的"利益认同"与"价值认同"之分离，也是新闻教育的要害所在。总之，教书育人，著书立说，是新闻教育和新闻学的两大使命：教书育人的根本在于培养什么人以及怎样培养人，著书立说的根本在于为谁著书、为谁立说。

大别山之旅来去匆匆，感受难免浮皮潦草，即使如此，相较自己的一些凿空之论，已颇觉圆凿方枘了。怨不得穆青一待在机关就不自在，少言寡语，而一到基层就"满血复活"，神采飞扬。无论如何，毛主席说的没有调查就没有发言权，范敬宜说离基层越近离真理越近，无愧至理名言。也正是在这样一脉传统中，正心诚意的人民记者如穆青一样，心甘情愿裤腿上永远沾着泥巴。

广阔天地大有作为

中原六日行，最后平顶山。初到鹰城，豁然开朗，新市区分布于起伏的缓坡旷野，一望无碍，直达天际，如同密苏里大学所在的哥伦比亚市，迥异于钢筋水泥的森林。好山好水好地方，条条大路都宽广，平顶山有山也有水，平西湖（白龟山水库）面积更是10倍于杭州西湖。入住的蕴海锦园大酒店，就在湖边。板桥水库是驻马店市的饮用水源，平西湖是平顶山市的饮用水源，上下天光，一碧万顷。

除了讲学，此行也是慕"广阔天地"之名而来。隶属平顶山市郏县的广阔天地乡，在新中国历史上留下深刻烙印，如同兰考焦裕禄、林县红旗渠、豫西三门峡，均为左一脚右一脚、深一脚浅一脚的中国道路及其艰苦奋斗、奋发图强的象征。广阔天地源于毛主席的一个批示。1955年，郏县大李庄乡组织32名回乡青年参加农业合作化工作，在全国开创先例，毛主席看到大李庄乡《在一个乡里进行合作化规划的经验》一文后，写下了一则有名的批示：

> 这也是一篇好文章，可作各地参考。其中提到组织中学生和高小毕业生参加合作化的工作，值得特别注意。一切可以到农村中去工作的这样的知识分子，应当高兴地到那里去。农村是一个广阔的天地，在那里是可以大有作为的。

广阔天地，大有作为，波澜壮阔的知青运动由此拉开帷幕。后来，一批党和国家领导人，以及学界中坚均为知青代表，豫剧《朝阳沟》也以这一时代为背景——知识分子劳动化，劳动人民知识化。1968年，郏县成立广阔天地大有作为人民公社，如今建有广阔天地大有作为纪念馆。

新时代新闻学

自2015年习近平总书记在哲学社会科学工作座谈会上，把新闻学提到前所未有的高度，与文史哲等并称11门"支撑性学科"以来，各方开始致力于推进中国特色与普遍意义有机结合的学科体系、学术体系和话语体系。此行12天包括中原六日，也与同行交流这方面问题，我则不断强调一点，也是上个月在天津青年新闻史论坛上谈到的要点：新时代新闻学的根基在于新中国，前30年更是当务之急。第一，作为奠基时期，一系列实践、理论、传统等不仅构成中国新闻业与新闻学的底色，而且借用党的第三个历史决议的话说：在此进程中取得的独创性理论成果和巨大成就，为在新的历史时期开创中国特色社会主义新闻业与新闻学提供了宝贵经验、理论准备、物质基础。第二，作为历史时段相对成型，已经积淀为有待开垦的学术处女地，史学、文学、社会学、政治学、法学等学科在此深耕细作，卓有建树，一批高水平成果联翩而至，引人注目。第三，一系列历史文献与当事人亟待"抢救"，刻不容缓。举例来说，毛主席写下广阔天地大有作为批示之际，正在主持编辑《中国农村的社会主义高潮》一书，他为书中104篇文章写的按语，堪称政治家办报的典范，也是上乘的博论选题。总之，《文化纵横》杂志2023年6月新刊手记说得好：

> 今天，在意识形态领域，对于用后30年否定前30年的思潮已经有了强有力的遏制，但从政治经济学、科学社会主义范畴总结前30年，仍然面临理论上的艰苦工作。不说清楚前30年的社会主义，当代中国社会主义就缺乏历史合理性与历史合法性基础。

草拟这篇文章时，恰好看到复旦大学新闻博士杨唯汀的文章《徐震——倡导"两典一笔"的新闻教育家》。徐震，1959年任复旦大学新闻系党总支书记，提出"两典一笔"办系方针，即新闻学子应熟读马列经典、中外古典和练就"生花妙笔"，1983年又任新闻系主任，1988年出任新闻学院首任院长。杨文写到，1957年徐震响应党中央的知识青年"上山下乡"号召，同200多名青年知识分子来到宝山县参加劳动锻炼。第二年，徐震在《复旦学报》撰文《劳动锻炼是知识分子思想改造的有效途径》，对半年劳动生活进行总结。文章分析了知识分子在劳动锻炼中得到思想改造的过程、途径和规律，认为知识分子通过劳动锻炼，突出变化是思想感情的逐步工农化，也就是又红又专之"红"的实质。

参观广阔天地大有作为纪念馆，听着广阔天地乡工作人员的介绍，更强烈感受到新中国新闻学研究刻不容缓。参观展览前，先被带入一间放映厅，约容30人，看了一部中央新闻纪录电影制片厂的9分钟纪录片，拍摄于1974年。纪录片反映了广阔天地大有作为的知青生活，改天换地，一片生机，无愧为"革命人永远是年轻""建设社会主义新农村"（纪录片解说词）。片中两位关键人物让人浮想联翩，一位20世纪50年代回乡青年、时任公社书记、中央候补委员，一位1968年下乡知青、时任公社团委书记。算来，他们也都七八十岁了。当年，常驻这里的中央以及省市新闻单位有数十家，纪念馆也展出了一批激情岁月老报纸，包括本地报刊，如同报道北京知青、梁家河党支部书记习近平带领乡亲们建沼气的《延川情况》《延安通讯》。

大智大勇，张良苏轼

世事沧桑，白云苍狗。如今，由于苏东坡，郏县三苏坟更为人知。三苏是苏洵、苏辙、苏轼父子，三苏坟位于郏县小峨眉山，国家级文物保护单位，其中苏轼备受关注。苏轼归葬于此，也可谓"得其所哉"。他的《留侯论》，既为群雄睚眦相驰逐留下不刊之论——"古之所谓豪杰之士者，必有过人之节。人情有所不能忍者，匹夫见辱，拔剑而起，挺身而斗，此不足为勇也。天下有大勇者，卒然临之而不惊，无故加之而不怒。此其所挟持者甚大，而其志甚远也"，也为郏县名人、汉初留侯写下一篇恰如其分的"新闻时评"——"项籍唯不能忍，是以百战百胜而轻用其锋；高祖忍之，养其全锋而待其弊，此子房教之也"。

平顶山人、传媒大学楠博士，这些年热衷三苏坟的文旅宣传，与景区所在的当地村民交往密切，如同王天定与里罗村的关系。傍晚时分，赶到三苏坟时，景区已经关门。于是，给楠博士打了一个电话，联系上村里的新老书记，使我们如愿以偿而不至吃闭门羹。三苏坟紧邻广庆寺，苏轼一生与佛家、广庆寺均有深厚渊源。与老书记握手道别后，暮霭四起，古寺苍然，但见寺前一片空地上，落满喜鹊，密密麻麻百十只，前所未见，颇感神奇。"佛狸祠下，神鸦社鼓"，禁不住想到日前京口北固楼上，看到毛主席手书的稼轩词《永遇乐·京口北固亭怀古》：

　　千古江山，英雄无觅，孙仲谋处。舞榭歌台，风流总被，雨打风吹去。斜阳草树，寻常巷陌，人道寄奴曾住。想当年，金戈铁马，气吞万里如虎。

　　元嘉草草，封狼居胥，赢得仓皇北顾。四十三年，望中犹记，烽火扬州路。可堪回首，佛狸祠下，一片神鸦社鼓。凭谁问：廉颇老矣，尚能饭否？

丝路八日游学记

2023年金秋十月,南疆胡杨林最美时节,在塔里木大学王老师的邀约安排下,首次回乡讲学,一边交流新闻教育和新闻学,一边感受新疆新变化。紧紧张张行程,满满当当收获。纪行悟学,遂有此文,有似上半年写的《中原六日新闻行》。

从天池到红雁池

上次回新疆还是2016年夏季,先去乌鲁木齐听会,接着游历库尔勒、吐鲁番、哈密。这次先到新疆财经大学,再到塔里木大学和喀什大学。7年前不免各种防范安检,而今一路畅行无碍。特别是途经几地机场只在门口刷身份证,比对人脸识别,然后自动取票过安检,竟无须排队等候机票盖戳,如同搭乘高铁,便捷更胜内地。

8天下来,自己的生物钟一如既往,无视东西部2小时的时差。每天早上三四点醒来,相当内地一两点,熬到六七点出门溜达一圈儿,也不过四五点。但见万籁俱寂,寒星稀疏,街巷、校园不是幽光明灭,就是漆黑一片,偶见一辆夜车飞驰而来,绝尘而去,闪过一抹刺目的灯光。踽踽而行,默默而思,宛若漫步后花园。国外友人担心提醒,我只笑而不答心自闲。

飞抵乌鲁木齐国际机场时，新疆财经大学的张院长、孙老师来接机。常言道，不到新疆，不知中国之大；不到伊犁，不知新疆之美。张老师是伊犁察布查尔人，钟灵毓秀一目了然。40年前我去伊犁公干，到过察布查尔锡伯自治县，留下难忘记忆，一曲锡伯族的《世世代代铭记毛主席的恩情》犹如现代版《敕勒歌》。刚巧前一天，在清华园约见哈萨克族博士生、新疆财经大学"青椒"丹娜，讨论其学位论文，也得知张老师是复旦大学博士。而最早了解新疆财经大学有赖郭庆光老师的同学周建明，周老师当过中国人民大学副校长，曾经作为援疆干部，挂职新疆财经大学副校长。我们时常一起参加答辩，也听他谈起新疆财经大学经历。意外的是，5年前在研究生答辩现场，周老师突然发病，遽归道山。好在他建起的新疆财经大学学科，已成新疆高校重镇。

更令人艳羡的是，新疆财经大学新闻学院位于一处独门独院的"郊野公园"，面积数百亩。当初，由于新疆财经大学升级需要达到一定校园面积，政府便把邻近的这所公园划归学校。迄今为止，公园里只有一座新建的教学楼供新闻学院等使用，其他未做改动。于是，新疆财经大学有了一所公园式新闻学院，恐怕天下独一无二。讲学一早，孙老师陪着走了一圈，庭院深深深几许，还有一个人工湖，野趣盎然，天然古朴。

乌鲁木齐三日适逢周末，借机去了想念已久的天池和燕儿窝。去天池，由张老师、孙老师张罗，去燕儿窝，由弟子吐尔孙与其好友伊力亚斯陪伴。上次去天池已是43年前，去燕儿窝则在1978年大一暑假。

久有凌云志，重上井冈山，千里来寻故地，旧貌变新颜。到处莺歌燕舞，更有潺潺流水，高路入云端，三十八年过去，弹指一挥间……重游天池时，毛主席的凌云健笔不时浮上心头。此前，去过三次天池，两次少年时，一次大学时，40多年过去，恍若弹指一挥间。

"明月出天山，苍茫云海间。长风几万里，吹度玉门关。"也难忘儿时在自治区图书馆，第一次读到李白诗句时，胸胆开张豪气干云的少年意气。而天池，正是天山一首最美诗章。大学时，听谢晋导演讲座，谈到岑参的诗句"轮台东门送君去，去时雪满天山路。山回路转不见君，雪上空留马行处"，说是绝妙的空镜头，言有尽而意无穷。站在家门口，东望博格达——"云中的神啊雾中的仙，情一样深啊梦一样美"，总会想到这个镜头。

得益国家发展，天池景区今非昔比。现在上天池，一路坦途，一个多小时就到了，而当年天不亮出发，乘着解放牌敞篷汽车，裹着厚厚衣物，沿着盘山公路小心翼翼行路难，途中碰上塌方路段，还得耐着性子等待修复，往往中午抵达天池，午夜才能到家。不过，道路再畅通，出行再便利，天池之美并无差异，千万年来，她一直在那里，借新疆诗人周涛在《伊犁秋天的札记》里的妙笔：

　　一般说来，它躺在那儿，有一种女性的味道。这除了因为它美，还因为它使周围变得潮湿了一些，滋润了一些；更因为它使天空也变了，变得涂上了一层神秘的蓝；使近处的山呈黛色，阴坡的松树幽静，使远处的山白发肃然，如老翁之守处女洗浴。

　　一般来说，它躺在那儿。

　　它不像山那样远远地跑过来迎接你，而是躺在那儿，等着你突然发现它。它喜欢静静地微笑着看你吃惊。

　　一般来说，这就是赛里木湖。

一般来说，这也是天山天池。

草拟此文之际，惊闻周涛故去，他的诗文兀立荒原，就像他笔下的边陲："边关男儿，昆仑列队；射雕英雄，雪原骋马；白日做梦，雨夜读书；远离尘嚣，独享宇宙；饮大碗酒，抓大块肉；植大林带，抱大沙漠……"

如果说天池寄寓着新疆的千古传奇，那么燕儿窝就象征着乌鲁木齐的百年沧桑。燕儿窝，一个听着很美的地方，微风燕子斜，燕子啄春泥。其实百年前，这里是一片荒凉戈壁。新疆可谓旧中国的一个缩影：长夜难明赤县天，百年魔怪舞翩跹，人民五亿不团圆。解放后，南郊燕儿窝建起革命烈士陵园，陈潭秋、毛泽民、林基路最为人知，1943年在乌鲁木齐惨遭盛世才杀害，距今整整80年。当年在新疆，一大代表陈潭秋主持全面工作，毛泽民专注财政工作，林基路侧重文化工作，曾任新疆大学前身新疆学院教务长。如今，新疆大学校园有林基路路，以及（沈）雁冰路（茅盾）、（杜）重远路、赵丹路等，都是结缘新疆的文化人。

围绕烈士陵园，燕儿窝逐渐形成一片风景区，年年清明时节，各校组织学生来此凭吊，踏春游玩，来回也差不多一天。只是当年实在说不上多少风景，除了一处清水溪流与河畔稀疏树木。而随着乌鲁木齐不断扩容，燕儿窝同市区早就连为一体。金秋时节，乌鲁木齐也是碧云天，黄叶地，处处层林尽染，而在儿时印象中，从未见过如此绚烂景致。我们去的当天上午，适逢秋雨绵绵，四顾落英缤纷，青葱满目，似在告慰在天英灵。

为有牺牲多壮志，革命自有后来人。陪伴重访烈士陵园的新疆大学吐尔孙博士，维吾尔族，本科考入复旦大学新闻学院，研究生考入清华大学新闻学院，获得硕博学位。这些年又做了一系列关乎边疆长治久安的研究，弹在时代绷得最紧的弦上，故既有社会反响，更有现实效应，用马克思的说法，既解释世界，更改变世界。此行前后，他的一篇直面西方所谓"强制劳动"文章再度引发关注，欧美亚等媒体也做了广泛报道。这些研究对边疆意义突出，对学术也如晨钟暮鼓。

吐尔孙的朋友伊力亚斯毕业于兰州大学中文系，大家漫步燕儿窝景区，谈及近期举世瞩目的中东战火，对比"这边风景"，更感念"国家的统一，人民的团结，国内各民族的团结"，日前一篇网文道出大家的心声："这段时间，在中东地区，巴以之间的战争特别是以色列对巴勒斯坦人民犯下的累累罪行，实在是让人目不忍视、耳不忍闻。而当时恰逢笔者在我国自由繁荣的乐土上游览，这种对比的鲜明感，就更让人感慨……新疆，正是一个好的样板间。"（《中国的新疆，不是西方的"内亚"》）

提到"这边风景"，不由得想到王蒙抒写新中国新边疆的作品。从

1963 年到 1979 年，王蒙在新疆生活工作 16 年，与边疆各族人民结下令人感动又艳羡的深长情谊，并创作了以当地农村为背景的一批名作，包括长篇小说《这边风景》。小说动笔于"文化大革命"后期的 1975 年，40 年后获得茅盾文学奖。当时，王蒙还在燕儿窝附近的乌拉泊干校待过一段时间，这里的乌拉泊水库也曾是我们的童年乐园。伊力亚斯听说我想去看看，便驱车几经周折来到库区，不料如今作为城市水源禁止入内。据王蒙前妻方蕤记述，王蒙酷爱游泳，还常来这一带的红雁池水库游泳。我去过红雁池水库，就像天池一样："那里的水都来自高山积雪，水温偏低，却一点没有污染。水质晶莹清澈，水面就像一面银光闪闪的镜子，雪山、蓝天、白云都在水里倒映出来。"(《王蒙"放逐"新疆十六年》)

从抗大到塔大

游学第二站，到塔里木大学。塔里木大学，位于塔里木河源头的阿拉尔市。从乌鲁木齐飞阿拉尔约 1 小时，机场去年刚刚通航，此前先飞阿克苏，再驱车前往。新疆天辽地阔，相当 3 个法国或 10 个浙江，故陆路交通已经四通八达，而支线机场也名列全国第一。飞越天山时，上面丽日蓝天、晴空万里，下面白云飘飘、冰雪皑皑，倚窗眺望，耳畔飘来人民空军的军歌：

> 我爱祖国的蓝天
> 晴空万里阳光灿烂
> 白云为我铺大道
> 东风送我飞向前

傍晚时分，抵达阿拉尔塔里木机场，王老师、刘老师来接机。两位"八零后"，均为山东人，言谈话语俨然新一代新疆人。正在浙江大学读博的刘老师说，投身新疆就意味着一种浪漫。想想古人的"葡萄美酒夜光杯，欲饮琵琶马上催"，听听雷振邦的"冰山上的来客"：

> 翻过千层岭
> 爬过万道坡
> 谁见过水晶般的冰山
> 野马似的雪水河

作为新疆人，之前我对阿拉尔实在孤陋寡闻。如果说北疆的石河子是在荒无人烟的碎石滩上崛起的戈壁新城，那么南疆的阿拉尔就是在黄沙漫漫的盐碱地上开垦的沙漠绿洲。本月环保部公布了全国第七批生态文明建设示范区，阿拉尔市名列其中。如果说"古有坎儿井，今有红旗渠"是中国水利工程的人间奇迹，那么阿拉尔、石河子堪称新中国的建设壮举，正如王震1960年擘画的："北有石河子，南有阿拉尔。"为此，一代代屯垦大军、支边青年、知识分子以身许国，前赴后继，付出无数的辛劳、汗水、眼泪、热血，也再次印证毛主席说过的：在共产党领导下，只要有了人，什么人间奇迹也可以造出来！奇迹包括兵团教育系统的双子星座塔里木大学和石河子大学，而塔里木大学新闻学子则如种子撒在南疆：和田、阿克苏、喀什、塔县……

当晚漫步市区，一条开阔的人工河倒映着火树银花，CBD巨大屏幕上交变着五光十色的时尚广告，灯火璀璨的夜幕中尽显阿拉尔的现代风采。随后两天，除了学术交流，还参观校史馆与军垦博物馆。由于近两年重读"通鉴"以及"续通鉴""前四史"等，参观时思绪时常游走古今、穿越万里。想古代屯垦多属庙堂之策，百姓除了奉命，就是听天由命，因而留下代为不绝的悲愁嗟叹之声：

> 或从十五北防河，便至四十西营田。

去时里正与裹头,归来头白还戍边。

君不见,青海头,古来白骨无人收。
新鬼烦冤旧鬼哭,天阴雨湿声啾啾!

而新中国的屯垦戍边,则是在亿万人民翻身解放的背景下,万众一心建设祖国、建设边疆、建设家园的自觉行动,也始终是同全国一盘棋以及"一五"计划、三线建设、西部大开发、"一带一路"等伟大工程紧密相连,四面八方齐心协力的伟大事业。因此,才有献了青春献子孙、八千湘女上天山等美丽传说,也才有石河子与石河子大学、阿拉尔与塔里木大学。

仅看当年黄浦江畔,十万热血青年响应国家号召,到边疆去,到祖国最需要的地方去,汽笛一声,西出阳关,"与天奋斗,与地奋斗,与人奋斗",何等意气风发,壮怀激烈!如此"愚公",如此"神话",已经难以想象了。尤其经过历史虚无主义包括以小细节颠倒大历史的新旧伤痕作品不断涂抹,不仅是敢教日月换新天的豪情壮志面目全非,就连伟大的中国革命曾经颠倒过来的历史一度也被颠倒回去,而颠倒历史正如英年早逝的北京青年报记者尚晓岚(所思)所言:"为今日形形色色的利益阶层铺路。"(《只谈风月,不谈风云》)上大学时有次暑假回家,火车上遇到一对上海知青夫妇,就是在阿拉尔。两口子带着小孩子回上海探亲,孩子活泼可爱,名字至今犹记,读作"两个力"。

塔里木大学旁边有一片景区"上海知青纪念林",紧挨下榻宾馆。翌日凌晨,摸到此处。鸡声茅店月,人迹板桥霜。十月中旬,南疆昼夜温差很大,从2摄氏度到20摄氏度。早上6点(内地4点),黑黢黢,静悄悄,就着天光云影,走进纪念林。景区不大,约几十亩,曲径通幽,树木阴翳,点缀着一些写实风格的雕塑。遥想当年,浩浩荡荡的浦江儿女如烽火年代奔赴延安的青年,舍弃都市繁华,来到不毛之地,用青春谱写一首惊天动地的人生交响曲。也如清华大学新闻学院首任院长范敬宜，解放初从圣约翰大学毕业，瞒着上海家人，前往白山黑水，追随魏巍足迹，在数十年摸爬滚打中，把书香门第贵公子锤炼成"念白云深处千万家，情难抑"的人民记者。湖北作家刘继明的长篇小说《黑与白》（2023），也写到同样的峥嵘岁月与青春之歌：

> 一片荒凉的沼泽地，放眼望不到边的芦苇滩，难得见到几户人家。上世纪六七十年代，从省城大江来了一批知青，学习当年八路军三五九旅，把鲫鱼嘴当作南泥湾，短短几年时间，就将荒滩开垦成了良田，不仅自给自足，还把吃不完的粮食上交了公粮。

上海知青在此艰苦创业时，我还如"两个力"一般大。同为知青，我算小字辈，20世纪70年代末赶个上山下乡的尾巴，至于吃的苦、受的累、经历的风雨，更与先驱者无法相提并论。不过，也因此不难体悟他们以及新中国所有建设者的艰苦卓绝，风卷红旗：从大庆到大寨，从两弹一星到三线建设，从上山下乡到屯垦戍边……7点许，晨曦微露之际，遥望一颗耀眼的启明星高挂夜空，不由得想起舒婷的《献给我的同代人》：

> 他们在天上
> 愿为一颗星
> 他们在地上
> 愿为一盏灯
> 不怕显得多么渺小
> 只要尽其可能
> 唯因不被承认
> 才格外勇敢真诚
> 即使像眼泪一样跌碎

敏感的大地
处处仍有
持久而悠远的回声
……

参观塔里木大学校史馆与阿拉尔军垦博物馆，更是浮想联翩。校史馆有句解说提纲挈领，画龙点睛——从抗大到塔大。忆往昔，在陕北的土窑洞里，在蒋介石消极抗日积极反共的极限打压中，在西南联大等国府名校难以比拟的艰苦条件下，共产党创办了一批"土大学"：鲁迅艺术学院、中国人民抗日军事政治大学（简称抗大）、马克思列宁学院、陕北公学（中国人民大学前身）、中国女子大学、自然科学院、延安民族学院，从中走出的非常之人不下数十万，既为民族独立、人民解放冲锋陷阵，又成为新中国百业待兴的栋梁之材、不世之材，包括穆青、甘惜分。一曲抗大校歌荡气回肠：

黄河之滨，
集合着一群中华民族优秀的子孙。
向着新社会前进，前进，
我们是劳动者的先锋！

1958年国庆节，在塔克拉玛干沙漠边缘成立的塔里木农垦大学，即塔里木大学前身，就继承抗大传统。两所大学，一种精神：我们是劳动者的先锋。这所"天当房，地当床，田野当课堂"的大学，由南泥湾大生产的三五九旅老首长王震一手创办并兼任校长。师生动手建起的第一座教学楼，如今成为校史馆，楼前矗立着王震塑像。目接着阿拉尔的王震大道、南泥湾大道、三五九大道，耳闻着《南泥湾》的歌声："花篮的花儿香，听我来唱一唱……又战斗来又生产，三五九旅是模范。"

校史馆里陈列着一张《人民日报》残缺不全的头版头条报道，题为《今日抗大——记塔里木垦区新型的农垦大学》（1966年9月14日）。报眼位置，有当年例行的《毛主席语录》，当天语录与报道相呼应："我们的教育方针，应该使受教育者在德育、智育、体育几方面都得到发展，成为有社会主义觉悟的有文化的劳动者。"通栏标题下有四句话："拿起锤子能做工，拿起锄头能种田，拿起枪杆子能打敌人，拿起笔杆子能写文章。"进入新时代，培养什么人、怎么培养人成为教育的"世纪之问"，如何培养社会主义建设者和接班人而非旁观者和掘墓人，也是新闻教育新闻学的头号问题、大问题。而培养什么人、怎么培养人，先得考虑"什么人"在培养。

作为新疆生产建设兵团农业建设第一师所在地，阿拉尔市的兀然崛起是农业建设第一师70年艰苦奋斗的结晶。没有农业建设第一师，就没有阿拉尔，也自然没有塔里木大学。农业建设第一师出自"一手拿枪，一手拿镐"的三五九旅，故阿拉尔建有"三五九旅屯垦博物馆"。参观博物馆，不仅领略"战天斗地""改天换地"等真切含义，而且弄清了先父的军旅生涯。小时候，常听他们老战友聚谈，回忆进军新疆往事，印象尤深的是翻越祁连山的情景，风雪迷漫，天寒地冻，有的指战员好像还光着脚。

1949年9月，一野一兵团解放西宁后，兵团所属二军奉命迅速前出河西走廊，切断马步芳残部退路，确保新疆的和平解放。为此，兵团司令员王震亲率二军，直接翻越祁连山。军情紧急，时间紧迫，来不及准备军需物资，指战员们穿着单衣、单鞋，冒着严寒就出发了。翻山时遇到狂风、雨雪、冰雹，一批战士长眠山上。王震到达山顶，四望之际说道：乌云把祁连山遮住了，遥远的草原无边无际，我们翻过风雪祁连山，就可以向新疆胜利前进了！站在身边的马寒冰边听边记，随后整理为："白雪罩祁连，乌云盖山巅，草原秋风狂，凯歌进新疆。"接着交由王洛宾谱成歌曲《凯歌进新疆》。新疆解放后，马寒冰担任新疆军区宣传部部长，又与刘炽合作谱成了传唱至今的《新疆好》："我们新疆好地方，天山南北好牧场……

各族人民大团结,歌颂领袖毛泽东。"刘炽,也以"一条大河波浪宽""烽烟滚滚唱英雄""让我们荡起双桨"等知名于世。

二军三个师,翻越祁连时,五师为先锋,六师为后卫,四师为中军,先父在四师。五师后来挺进南疆,落脚阿拉尔,改编为农业建设第一师。四师与二军军部,1949年12月1日进抵喀什。二军源于三五九旅,上溯红六军团,作为挺近南疆的主力,解放后组建为南疆军区。从这支英雄部队中,走出100余位开国将领。故王震称道农业建设第一师:"生在井冈山,长在南泥湾,转战数万里,屯垦在天山。"来到阿拉尔,参观博物馆,也自然分享先父战友们的光荣与梦想,一种使命感油然而生。

从阿拉尔到帕米尔

阿拉尔虽然已经通航,但去喀什还得转道阿克苏。谁承想不过十来天,阿拉尔与喀什也通航了,今日新疆可谓日新月异。而且,从乌鲁木齐国际机场到阿克苏、喀什机场,从航班到服务,都是"现代化标准",想起阿勒泰散文作家李娟在2020年的新作里记述的飞行趣事,真是不可同日而语了:

> 1979年在新疆乘支线,乌鲁木齐飞阿克苏,驾驶舱和客舱无间隔。中途要落地,看见前面争执起来,一个端着地图说在这里,一个指着下面说在那里……那时一票难求,买票时排在我前面的哥们儿说是新华社的,售票大姐说我管你哪个供销社的,没有就是没有。(《记一忘二三》)

从阿克苏飞喀什,不到1小时。喀什大学的李院长、徐老师来接机。两位"八零后"女学者,是新疆大学同学,乌鲁木齐人,毕业一起来喀什大学。塔里木大学王老师正在筹建新闻学院,而李院长已在负责刚刚组建的喀什大学新闻学院，徐老师则在浙江大学读了博士学位。

诗人郭小川说过："不走南疆，不知新疆如此天高地广；不到喀什，不知新疆如此源远流长。"广告语"不到喀什，不算到新疆"更为人知。喀什，丝路明珠，西疆门户，帕米尔高原历历在望，冰山上来客络绎不绝。15年前，我到喀什，上塔县，抵达红其拉甫国门，一路欣赏慕士塔格峰、喀拉库勒湖的奇景，领略塔吉克族的民风。这一次，又随李院长、刘老师，游览了焕然一新的喀什古城。

喀什，古称疏勒，是汉代西域三十六国之一，隶西域都护府，唐代属安西四镇，张籍《凉州词》里写道："无数铃声遥过碛，应驮白练到安西。"白练，就是丝绸。这座2000多年的历史古城，留下说不尽的传奇，张骞凿空西域，班超威震边陲，玄奘西天取经，都曾驻足，斯文·赫定楼兰考古，斯坦因敦煌盗宝，也曾往来。这里还诞生了人类文化瑰宝《突厥语大词典》和《福乐智慧》，"清华大学荐读书目"就有汪晖教授撰写的《福乐智慧》导读。拙稿《水木书谭：新闻与文化的交响》也引了《突厥语大辞典》的哲言：

道路虽然弯曲，也比在荒漠中晕头转向行走为好；
山与山不能相遇，人与人总会相逢……

在三五九旅军垦博物馆，看到一张1959年我出生那年的喀什老照片，两峰骆驼拉着一节车厢，居然是一种古今合璧的公共汽车，可坐15人。周涛的自传体小说《西行记》（2019），还留下一帧"文化大革命"期间的喀什风情画，听起来宛若童话一般：

看见一长串赶着毛驴车进城赶巴扎的外县农民，毛驴车上铺着毯子，坐着一家人，乐呵呵地满心欢喜。一辆车和一辆车连起来，只须最前面的一辆赶车就是了，完全像一列"毛驴列车"，悠然自得，潇洒风趣。

如今喀什已是一座现代化、国际化的名城，随着"一带一路"走过10年，战略地位日益突出，发展前景也日益看好。10月的最后一天，国务院发布了关于印发《中国（新疆）自由贸易试验区总体方案》的通知，涵盖乌鲁木齐、喀什、霍尔果斯片区。今年暑假，喀什大学新闻学院还举办了一次国际传播会议，意义同样不言而喻。

十八大以来，习近平总书记针对意识形态发表了一系列重要讲话，对新闻教育新闻学也具有突出的现实性、针对性。因为，透过现象看本质，这个领域存在两种倾向，一种可谓洋八股，从论文发表到学生培养，言必称希腊，死不说中国。

另一种倾向可谓学八股，表面看高大上、正能量，但同洋八股一样，华而不实，大而无当，言之无物，言不及义，多属张文木说的漂亮但"不打粮食"的空话。一次，读到一篇国际传播的"大块文章"，所谓"寻坠绪之茫茫，独旁搜而远绍，障百川而东之，回狂澜于既倒"。我们可以抱怨别人"不学无术"，但问题是自己是否有学有术，所谓学术有多少真才实学，又有什么真知灼见，能够让人心向往之、心悦诚服，就像毛主席的文章讲话让傅雷、钱锺书等饱学之士也由衷叹服。如此"大块文章"，倒是很像毛主席1959年读苏联《政治经济学教科书》时批评的学风文风问题：

> 不是从分析入手，总是从规律、原则、定义出发。这是马克思主义从来反对的方法。应当从分析矛盾出发，否则就不能成其为科学。规律存在于历史发展的过程中。应当从历史发展过程的分析中来发现和证明规律。不从历史发展过程的分析下手，规律是说不清楚的。教科书的写法，不是高屋建瓴，势如破竹，没有说服力，没有吸引力，读起来没有兴趣，一看就可以知道是一些只写文章、没有实际经验的

书生写的。(见《邓力群自述(1915—1974)》)

总之,两种倾向,貌异神通。穷则思变,新闻学的出路还在"立足中国土,请教马克思"(甘惜分),即致力"两个结合",尊奉实事求是。范敬宜的硕士开门弟子王慧敏,在《教诲将伴笔耕老——我与老师范敬宜的点滴往事》一文中讲的故事,今天看来尤为警策:

> 毕业论文,商定的题目是《新时期经济新闻研究》,范敬宜约我到其万寿路的家中详谈。这次我做了充分准备,西方传播学的原理整了一套一套的。
>
> 听我谈了大约20分钟,范敬宜便打断我说:"新闻是门实践学科,没必要搞那么多复杂的理论,更不要言必称西方。现在一谈做学问,就从西方书籍中去找理论根据。这种风气很不好,至于写作,咱们老祖宗有很多宝贵经验,为什么非要从西方去生搬硬套?"他建议我去采访下一线的跑口记者,由他们讲述新时期经济新闻的得与失。
>
> 就这样,范敬宜给我开了一个40多人的采访大名单,要求对每一个人的从业特点都要做一个精确的归纳。这是一项浩大的工程。半年多时间,一有空闲,我就骑辆破旧的自行车在京城的大街小巷穿行。
>
> 看着其他同学都早早交了论文,而我还骑着车没日没夜地奔波,真有些后悔当初报考了范敬宜的研究生。好歹,毕业论文最后高分通过了。

范敬宜在世时,我协助他分管教学,屡次听他称道王慧敏,当时是人民日报社新疆记者站记者,后任光明日报总编辑。2008年,我们配合国家精品课"中国新闻传播史"而编选《中国新闻社会史文选》时,还收录了他的文章《近点,再近点》,谈采写人民日报通讯《热血铸雄关——新疆克孜勒苏柯尔克孜自治州军民戍边纪实》的经验，堪称鲜活的新闻案例教学。

与此相似，2011年，央视记者何盈的报道团队深入帕米尔高原上的塔什库尔干塔吉克自治县（简称塔县），采访了皮里村的孩子们在乡村干部护送下，翻悬崖，蹚冰河，千辛万苦去县城上学的故事。这一系列报道《塔县皮里村蹲点日记》，朴实生动，感动中国，获得当年中国新闻奖一等奖。何盈的获奖感言过目难忘："做一个裤腿上永远沾着泥巴的记者。"

2003年，南振中参观"无土栽培"技术时想到，这个技术虽然先进，可惜记者无法采用，因为没有瓶装的"新闻营养液"，"离开了人民群众生活的沃土，我们就会营养不良，采写的新闻自然会枯黄"。新闻教育新闻学又何尝不然，离开中国大地，执着于学术的无土栽培，痴迷于理论的对空言说，终归是可怜无补费精神。

何盈，北京人，中国青年政治学院新闻系首届毕业生。1998年，我从中国人民大学博士毕业，受聘系主任时，她刚读大三。《塔县皮里村蹲点日记》获奖后，我约她来清华大学，给研究生做一场"新闻传播学前沿讲座"。从王慧敏的《热血铸雄关——新疆克孜勒苏柯尔克孜自治州军民戍边纪实》到何盈的《塔县皮里村蹲点日记》，更不用说从《左传》到《史记》，从邵飘萍到范长江，从邓拓到穆青，从储安平20世纪50年代的《新疆新观察》到王蒙60年代的通讯《春满吐鲁番》，以及段连城的《对外传播学初探》等，均属新闻学的"源头活水"与"人间正道"。

可喜的是，新时代新青年正在汲取活水，践行正道，丹娜在博士论文后记里写到的，也堪称一代新人的心声：

> 采访结束后，我提出想和阿里汉老人合影，他欣然答应。他回到卧室换上了整洁的西服，将党徽和荣誉勋章小心翼翼地别好，戴上哈萨克族传统花帽，与我留下了珍贵的合影。令人悲痛的是，第一次采访竟然成了永别，第一次合影竟然成了唯一的留念，采访结束的一

月后老人家驾鹤仙逝。阿里汉老人为祖国边疆党报事业默默奉献了一辈子,他也是新中国千千万万新闻人的缩影,我们作为新闻学者要记录、挖掘他们的故事,传承他们的优秀品德与精神,将论文写在祖国大地上。(清华大学博士论文《哈萨克语〈阿勒泰人民报〉研究》)

学术编

活的学问与死的学问*

——中国式现代化及其新闻学

一

新时代以来，欣慰地看到一批青年才俊守正创新，联袂而至，潘佼佼的农村广播网、张慧瑜的基层传播、王洪喆的人民无线电、盛阳的中苏论战、陈娜的工人文化宫等研究，无不让人感到"落木千山天远大，澄江一道月分明"。与此同时，又不无遗憾地目睹一些后起之秀被蒋梦麟笔下的西潮新潮吸引着，或在学术评价体系及其体制机制如"非升即走"的胁迫下，陷入古道西风，从而与追求真知、追求真理渐行渐远，往往要么如成伯清说的"跟真实的社会生活无关，沦为同行之间的一种符号游戏"，要么如谢德仁说的"从理论到理论，从文献到文献，科学、严谨地研究'伪问题'"。

赵汀阳说得更直截了当：

> 学术界喜欢欺骗自己说，学术有理由从书本到书本，只关心概念

---

* 2023年北京大学新闻学研究会年会暨青年新闻史论坛上的发言。

而不需要关心真实。

无论哲学所讨论的问题多么深刻，都必须与生活问题相关，在生活语境中没有意义的哲学是坏的哲学。

以上两种"青年运动的方向"，也可称为两种学问：一种活的学问，一种死的学问。毛泽东在延安曾对鲁迅艺术学院（简称鲁艺）毕业生说，你们现在毕业的只是小鲁艺，外面还有大鲁艺。死的学问充其量不过是小鲁艺，活的学问则是大鲁艺。一则沉浸自身，如具身性一类学术流行语所隐喻的，浮云柳絮无根蒂，天地阔远随飞扬。一则面向气象万千的社会生活与历史实践，心仪"学术的用处就在为人民服务"（费孝通），"问渠那得清如许，为有源头活水来"。换句话说，活的学问关注人生，致力于解释世界与改变世界，即白居易所谓"文章合为时而著，歌诗合为事而作"，而死的学问躲进小楼，关注自身，如"荒江野老屋中，二三素心人"窃窃私语。总之，借用一位"居庙堂之高"的读书人谈及马克思的话，新闻学"不应是放在图书馆备查的文献，而应是在人间流布的火种"（《乐读记》）。

无疑，中国式现代化需要活的学问而非死的学问。为此，除立足大地，与千千万万普通人共情，明确为谁著书、为谁立说，也离不开两点：一是理论，二是历史。所谓理论，首先指马恩列毛等经典。众所周知，当今学界一方面强调悠悠万事，理论为大，兵马未动，理论先行，如研究生开题答辩先看有没有理论；另一方面众口籍籍的理论既不包括"千年第一思想家"马克思，更不包括列宁、毛泽东，基本上局限于美西方的一家之言。如果没有此类理论或一家之言，那么无论是学位论文，还是职称论文，在学界"主流"眼里俨然都不入流。

这里，对待马克思的两种倾向也得指出，一是胶柱鼓瑟的本本主义，二是貌似与时俱进的修正主义。无论本本主义，还是修正主义，都窒息了马克思主义的灵魂。何谓灵魂？一言以蔽之，就是列宁所说的科学性与革命性的统一。科学性体现为解释世界，革命性体现为改变世界；科学性追求历史与逻辑的有机统一，革命性致力推翻旧世界，建设新世界，即《共产党宣言》说的：

> 代替那存在着阶级和阶级对立的资产阶级旧社会的，将是这样一个联合体，在那里，每个人的自由发展是一切人的自由发展的条件。

除了科学性、革命性的马列理论，活的学问理应广泛吸取古往今来一切文明成果，包括美西方具有科学性的一家之言。列宁说过：只有用人类创造的全部知识财富来丰富自己的头脑，才能成为共产主义者。比如，一部《资治通鉴》，毛泽东就读了17遍，而《共产党宣言》在延安时期他就已读了近百遍。沧海横流，方显英雄本色，学问之道，何尝不然。

活的学问既需要理论的滋润，更需要历史的滋养。"历史从哪里开始，思想进程也应当从哪里开始。"（恩格斯）"规律自身不能说明自身。规律存在于历史发展的过程中。"（毛泽东）

对新闻学来说，党史、新中国史、改革开放史、社会主义发展史，即"四史"更是命脉所系。开辟中国特色与普遍意义有机统一的学科体系、学术体系和话语体系，既需要洞察五千年文明来龙去脉，更需要把握"四史"。张文木说得好："知道5000年历史的人能说明白未来50年的事，知道50年历史的人能说明白未来5年的事，只知道5年历史的人，基本就是无头苍蝇，瞎忙活，头头是道，其实，啥也不知道。"

2018年，我在北京大学新闻学年会上谈到一个"四史"问题：旧中国与新中国的新闻史研究。当时觉得，民国30年加上清末70年，牵扯了我们十之八九的注意力，而新中国70多年以及共产党百年风云却只占十之一二。这种状况固然渊源有自，但不能听之任之，因为中国新闻与新闻学主要依托两个百年，而与晚清和民国相去甚远。虽说晚清和民国也是新闻学的一脉活水，但毕竟笑渐不闻声渐悄，而新中国新闻业与新闻学左一脚右一脚、深一脚浅一脚的风雨历程，则与治国理政、定国安邦息息相关，无论光荣与梦想，还是蹉跎与困顿，都是我们面临的活生生现实，也是广阔的、肥沃的、有待开垦的学术处女地。不能放着眼前说天边，捧着金碗讨饭吃。

如今，新闻学已经列入国家战略层面的支撑性学科，各方对自主知识体系也无不心向往之。为此，更应该明确中国共产党和新中国在新闻传播方面的所思所想、所作所为，才是支撑中国新闻学学术大厦的基础。

总之，一个理论，一个历史，相辅相成便是所谓历史与逻辑的有机统一。

二

那么，活的学问从何入手呢？恰好有人提了一个问题，激活了我的思路：中国式现代化放诸新闻传播学领域，有哪些亟待研究厘清的真问题？兹事体大，我难以全面回应，下面谈两点务虚的认识。

第一点认识，关于新闻无学问题。所谓新闻无学，兴起于20世纪80年代，大意无非是说新闻只有政治与宣传而没有学问，算不得学术。现在则看得越来越清楚，所谓新闻无学的潜台词在于共产党新中国的新闻无学，至于美西方则不仅有学，而且体大思深。也因此，数十年来，我们气喘吁吁地追逐国际化，也就是美西化，从施拉姆到物质性，从"新闻专业主义"到"建设性新闻"，一个大师接着一个大师，一部经典接着一部经典。翻看时下各路论文，基本套路都是先祖述一通美西方某大师某经典即一家之言，然后以此为尚方宝剑，评头论足中国新闻传播状况，最后确认大师经典如何正确而中国状况如何与之契合。就连研究新中国新闻人的博士论文，也不得不生拉硬拽此类一家之言或所谓理论，否则送审答辩都可能遭遇麻烦。如此学术与学风同中世纪的经院哲学如出一辙，也如《儒林外史》里的八股选学。

中国新闻是否有学，或者说判断中国新闻学利弊得失的主要依据，是恩格斯所言历史合力的现实运动，而不是无视历史、无视现实、无视实践的抽象概念，更不是张冠李戴、指鹿为马、削足适履的美西方所谓理论。也就是说，中国新闻是否有学以及有什么样的学，应以中国式现代化以及人类文明新形态的实践为标准，而不是以任何唯心论、想当然为依据，如书斋里一些聪明大脑自由构想的时新理念。

这里，倒是应该检讨新中国的新闻理论如何从有学到无学，而美西方新闻又如何从曾经俯视的无学到如今仰视的有学——言必称希腊，言必称美国。

只有弄清楚新闻有学无学的实质，我们才能光明正大地建设中国新闻学。

第二点认识，关于中国新闻学问题。如果中国新闻有学，那么什么是中国新闻学？如同美西方新闻学与西方式现代化密不可分，中国新闻学也是与中国式现代化水乳交融的话语与实践。历史与现实无不表明，中国新闻学不只属于一门学科专业，前不着村，后不着店，而更属于江山社稷与世道人心的天下政治，毛泽东的"政治家办报"一语中的。具体说来，中国新闻学一方面离不开梁启超所言"中国之中国、亚洲之中国、世界之中国"及其新闻传播遗产，另一方面更同马列主义与人类命运共同体休戚与共，离不开《国际歌》所寄寓的国际主义。简言之，中国新闻学也是两个结合的产物，即马列真理与中国实践相结合，与中国优秀文化相结合，包含着既丰富多样，又错综复杂的万千状况、矛盾关系与广阔空间。

近些年，青年学者的研究也为此提供了样本，如博士论文选题范敬宜、陈望道、安岗、甘惜分、郭超人、三线建设与新闻传播，以及记者马克思、记者毛泽东等；北京大学中文系贺桂梅的博士论文《80年代中国文化研究》、北京师范大学谢保杰的博士论文《1949—1966年工农兵写作的历史考察》、清华大学中文系张晴滟的博士论文《样板戏》等。这些成果各领风骚，都在不同程度上得益于两个结合。而不痛不痒、云里雾里、自娱自乐的学术流行语，包括一波未平一波又起的技术神话——刘建明教授称之为"无知憨态"，说到底也是对中国实践的隔膜，对中国文化的隔膜，特别是对"四史"的隔膜。

建党百年之际，我们策划出版了一套"中国新闻学"丛书，第一辑10种，今年付梓的第二辑也计划10种。为此，我们对中国新闻学提出一个总体设想，包括十大原则，无意间也与美国所谓"新闻十大基本原则"分庭抗礼。

（1）传播技术的政治性与自主创新原则，从而有别于层出不穷的唯技术论。

（2）新闻工作是治国理政、定国安邦的工作，从而有别于去政治化的"新闻专业主义"。

（3）社会主义媒体的公有制和新闻传播的社会效益第一原则，从而有别于种种媒体私有化、资本化以及"媒体二元论"。

（4）新闻真实性和价值导向的辩证统一原则，从而有别于英美新闻传统中自欺欺人并危机重重的所谓"客观性法则"。

（5）正面报道为主和遵循社会主义核心价值观的倡导性原则，包括媒体的"批评和自我批评"传统，从而有别于"耙粪""看门狗""第四权力"等。

（6）党性人民性相统一以及群众路线作为制度保障的原则，从而有别于体制内外的精英路线。

（7）全党办报、群众办报的全媒体理念原则，从而有别于文人办报、商人办报、同仁办报一路小圈子。

（8）"传输传播模式"和"仪式传播模式"相结合即情理交融的原则，从而克服理性主义的认知偏颇。

（9）新闻工作者知行合一原则，从而拒斥高高在上的"钦差大臣"（想做人民的先生，先做人民的学生）。

（10）天下一家、民心相通的"国际主义"原则，也就是《共产党宣言》《国际歌》《纪念白求恩》等体现的"英特纳雄耐尔",从而有别于所谓"国际化",即美西化或美国化。

三

明确了新闻有学和中国新闻学可为,探究其中的条条道道才名正言顺。而伴随学术思想的充分涌流,如甘惜分期待的"多声一向"——社会主义方向下的百花齐放、百家争鸣,才会最终形成一江春水的活的学问。

推进中国式现代化及其学科体系、学术体系和话语体系,不是也不能在温室里作业,而不得不面临百年未有之大变局,势必遭遇诸多艰难险阻与惊涛骇浪。而且,越是接近民族复兴的目标,就越是遭遇对抗性势力明里暗里的反扑,包括学界的"开明绅士两面人"。不破不立,不塞不流,不破除以洋为尊、以洋为美、唯洋是从的学术殖民心态,不同非马反马思潮"进行具有许多新的历史特点的伟大斗争",中国新闻学就难免纸上谈兵,言不及义。事实上,中国式现代化及其新闻业与新闻学,也是一直在同各种落后的、腐朽的、反动的势力斗争中,一步步成长、发展、壮大的。如1944年,延安《解放日报》就曾在有名的社论《本报创刊一千期》中指出:

> 我们现代报纸的历史,虽较欧美各国为短,亦已百数十年,然而属于人民大众的报纸,则仍寥寥可数,其中大半未到成熟即遭夭折,或则横被摧残,或则中途变质。人民大众,要建立作为自己喉舌的报纸,报导自己的活动,畅谈自己的意见,真是历尽了千辛万苦,求之而不可多得。
>
> 本报是中国共产党的党报,当然义不容辞,要坚持一个方针,这个方针即是……把人民大众的生活,人民大众的抗战活动,人民大众的意见,在报纸上反映出来。

古往今来，一切严肃认真的学问，不论政治立场与价值取向如何，都离不开真才实学与真知灼见。也因此，活的学问也无不讲究求真务实的文风，就像延安整风与解放日报改版之际，为了破除全盘苏化的"党八股""洋八股""学八股"，一方面大力倡导实事求是的学风，另一方面形成不偷不装不吹、实实在在、老老实实的文风。追求真知、追求真理，就不能不多说人话，少说鬼话，多一些平易近人，少一些故弄玄虚。用项飚的话来说就是"尽量用日常语言把自己能够说清楚的问题说清楚""大众不会容忍学者躲在专业名词背后，用复杂的表达重复常识"。这方面，甘惜分、范敬宜、方汉奇等前辈树立了榜样，形成了一套中国式新闻学的优良学风和文风，值得新时代新青年发扬光大。

知行合一新探索

——从"第五届河阳论坛暨乡村、文化与传播学术周"说开去

早就听说赵月枝教授的河阳论坛仿佛新闻传播领域的一个"小延安",吸引着各方探求真知、追求真理的青年知识分子,我也悠然神往、延颈鹤望。2019年3月,终于有机会参加第五届河阳论坛,更是感触良多。李洱积13年之功完成一部新作《应物兄》(2018),这部近百万言的作品所关注的核心问题是:"当下环境中,知识分子知行合一的难题和困境。"[①] 在我看来,河阳论坛一方面固然为传播研究打开了一方天地,为暮霭沉沉的主流传播学界注入了一线生机;另一方面也在于探索知识分子知行合一的具体路径,在意识形态乱云飞渡之际,探索知识创新与家国天下的水乳交融、学术情怀与社会关切的血脉相通,从而同前赴后继的各路探索如出一辙:从费孝通到邓英淘、温铁军、曹锦清、李昌平、贺雪峰、何慧丽,从陈望道为复旦大学新闻教育确立"好学力行"的系铭到清华大学新闻传播学院"大篷车课堂"的实践。如此一脉探索轨迹一言以蔽之就是知行合一,即解释世界与改变世界的统一、求学问道与身体力行的统一。

两会期间,习近平总书记首先看望了文艺界与社科界的政协委员,这一举动的象征意义不言而喻。其间,他再次谈到了哲学社会科学研究首先

---

① 樊晓哲.苹果树下的李洱[N].文汇报,2019-03-05(10).

要搞清楚为谁立言,这是一个根本问题,并希望学者多到实地调查研究,了解百姓生活状况,把握群众思想脉搏,把学问写进群众心坎里。河阳论坛探索的正是这样的治学之路以及人才培养之路,无论是几届论坛的主题,如第一届的"构建平衡互哺的城乡关系"、第二届的"乡土文化复兴:机遇与挑战"、第三届的"文化主体性与乡村发展:国家、市场与民间互动"、第四届的"生态文明与传播"、第五届的"乡村故事,中国道路",还是河阳论坛几届国际暑期班的专题,如"传播、文化与全球南方""从全球到村庄:以乡村作为方法",也无论是2016年推动18位村干部致全国农村干部群众的联名倡议书——呼吁强化土地集体所有权,还是2019年"以红色精神引领绿色发展"的倡议获得当地干部群众热议,无不体现了解释世界与改变世界的统一、求学问道与身体力行的统一。所以说,河阳论坛既是传播研究中国化的新尝试,也是中国学术走向知行合一的新探索。李书磊赞许唐代诗人及其精神境界的一段话,也完全适用河阳论坛的新青年:

> 他们毫不踌躇地就把生命依托于这片土地,这里的山川草木都成了他们不可缺少的生命内容。他们在这块有限的土地上展开了他们无限的情感与愿望……
>
> 他们执着于这一方烟火,把生命落到实处,与立足的土地有一种不可分离的亲情,使人生变为真切而具体的过程。[①]

这一知行合一的传统源远流长,无论是5000多年老中国的晴耕雨读,还是70多年新中国的德智体美劳,始终薪火相传。古人云"大学之道,在明明德,在亲民,在止于至善",并将立德、立功、立言视为人生不朽的三重境界。古往今来一切真学问、大学问即"大学",无不在现实层面

---

① 李书磊.重读古典[M].北京:中国广播电视出版社,1997:28.

超凡脱俗，鄙薄追名逐利，拒绝著书只为稻粱谋，又无不在精神层面关注社会，心系天下，服务苍生，正如经济学在中国一向属于经世济民之学。历代非常倜傥之人更在知行合一中，为中华民族留下弥足珍贵的文化遗产和精神财富。从诸子百家的上下求索到诸葛孔明的经世致用，从范仲淹的先忧后乐到岳麓书院的实事求是，从文天祥的留取丹心照汗青到鲁迅的我以我血荐轩辕，从毛泽东的为人民服务到习近平的以人民为中心——古老而青春的东方大地千百年来始终磅礴着一股浩然正气，流淌着一脉文化清流。在新中国70多年蔚为壮观的新文化大潮中，更是涌现出数不胜数的人民知识分子及其彪炳史册的思想文化创造。人们知道国画大家谢瑞阶80岁的封笔之作、悬挂在北京人民大会堂接待厅的《大河上下浩浩长春》，但未必知道当年这位艺术大家的创作与人民群众的生活是怎样水乳交融。比如，一位普通的小学教师都可随时登门，请他为孩子们画些教学用图，而他总是欣然命笔。

当然，随着近代中国被胁迫卷入资本主义世界体系，以及半殖民地半封建社会状态的加剧，一方面导致《共产党宣言》说的东方从属于西方、乡村从属于城市等畸形状态，另一方面促成《德意志意识形态》所言"物质劳动和精神劳动的最大的一次分工"，在推进学科分化、专业林立以及现代化之际，也使知识脱离大地、学者远离民生一度成为趋势，由此造就了一批不及物的"学院知识分子"或曰"知道分子"，至于一些买办文人更如美国学者格里德的评价："对于他的人民的'社会愿望'或他们生活的'实际条件'几乎完全没有什么真正的认识。"[①]

为此，新中国成立70多年来，为了实现人民当家作主的政治愿景，既在文学艺术领域清除列强、封建、买办等旧艺术、旧品位，倡导社会主义新文化、新风尚，又在知识界、学术界、教育界不断探索实事求是的治学之道以及知行合一的育人之道，如知识分子劳动化、劳动人民知识化，

---

① 格里德.胡适与中国的文艺复兴：中国革命中的自由主义（1917—1937）[M]. 鲁奇，译.南京：江苏人民出版社，2005：290.

从实践中来、到实践中去。在此过程中，即便出现偏差或失误，左一脚、右一脚、深一脚、浅一脚的行进中，哪怕留下一串歪歪斜斜的脚印，但大方向、总目标始终一以贯之，也就是确立新中国的道路与新时代的道统之际，培育一代又一代的社会主义新人，造就一批又一批知行合一的人民知识分子。①

河阳论坛及其国际暑期班的探索就行走在这一方向和道路上，尊奉"要做人民的先生，先做人民的学生"，走向田间，走进民间，走进人民心间，将书斋世界与现实世界打通，将学术人生与社会人生打通，连一些活动形式如"沉浸式研习"都不无马恩论述的意味："在共产主义社会里，任何人都没有特定的活动范围，每个人都可以在任何部门内发展，社会调节着整个生产，因而使我可能随我自己的心愿今天干这事，明天干那事，上午打猎，下午捕鱼，傍晚从事畜牧，晚饭后从事批判，但并不因此就使我成为一个猎人、渔夫、牧人或批评者。"②

这一探索今天尤其富有现实意义。因为，学术界与教育界一方面固然成果不少，进展不小，另一方面脱离实践、远离人民的状况也日益突出，毋庸讳言。

当然，需要指出的是，现代化的分工需求、精细化的社会服务与国家治理以及日益广泛的世界交往，离不开千千万万的专业人才，各路学子也在求学问道过程中不断觉悟，既成就自己的梦想，又以所学专业服务社会，报效桑梓，造福人民，最终汇入"中华民族优秀子孙"千百年生生不息的历史大潮。与此同时，也不能不承认，解释世界与改变世界的分

---

① 如新中国的教育方针始终如一，即十八大报告的"德智体美全面发展的社会主义建设者和接班人"。2019年3月18日，习近平主持召开学校思想政治理论课教师座谈会，再次强调扎根中国大地办教育，并引人注目地重提教育同生产劳动和社会实践相结合，培养德智体美劳全面发展的社会主义建设者和接班人。

② 中共中央马克思恩格斯列宁斯大林著作编译局. 马克思恩格斯全集：第3卷[M]. 北京：人民出版社，1960：37.

离、求学问道与身体力行的分离等知行分离的态势与趋势，也难免导致学术研究以及人才培养的一种总体性偏差，结果既异化学术、异化学人，如《应物兄》等作品活生生展现的"学术江湖"[①]；又影响个人自由而健全的发展，与"士不可不弘毅"的境界渐行渐远，与社会主义建设者与接班人的目标不免圆凿方枘，与穆青"勿忘人民"、范敬宜"念白云深处万千家"等寄慨良深也恐怕各行其是。

遥想 40 多年前，自己作为一名知识青年，在河阳原籍即河南信阳（河阳一名也由此而来）一带"上山下乡"，尽管当时青春年少，懵懵懂懂，时间也不过两年，但这段经历在人生路程上却留下难以磨灭的印迹，也奠定后来著书立说与教书育人的根基。所以，我对毛泽东的广阔天地大有作为、习近平的扎根中国大地等思想由衷服膺，对甘惜分"立足中国土，请教马克思"的主张愈发认同，视之为青年知识分子有所成就、有所作为的大道之行。也因此，我对河阳论坛以及知行合一的各路探索充满敬意，虽不能至，心向往之，借用张承志的话说："旧的时代该结束了，泥巴汗水的学问刚刚登场。我们只是呼唤真知实学，我们只是呼吁，一种不同的知识分子的出现。"[②]

---

① 学界批评往往更直接、更切中要害，如应星指出的一些普遍问题："许多圈子都具有或浓或淡的江湖气息……自觉不自觉地把世俗的那套手腕和心机带到圈子中，带进学术中。"（参见《且看今日学界"新父"之朽败》，载于《文化纵横》2009 年第 8 期）

② 张承志.人文地理概念之下的方法论思考[J].天涯，1998（5）：25-27.

一位马克思主义新闻教育家

2018年5月，郑州大学新闻学院项德生教授八十华诞之际，由他当年在中国人民大学新闻系带过的学生郑保卫教授策划，汇集其一生学术精华的《仅仅是起点：项德生新闻论文集》（以下简称《起点》），在新华出版社付梓。同时，郑州大学新闻学院举行了项德生教授新闻教育与学术思想研讨会，我由于时间冲突未能与会，遗憾之余只得写去书面致辞并请张举玺院长转达，其中说道：

> 项老师毕业于我国首屈一指的新闻学府，出身革命世家，继承红色基因，具有高度的政治水平、理论水平、专业水平，是共和国新一代新闻学大家，如今名满天下的郑保卫教授当年也曾受教于他。凭着这样的水平以及对新闻的热情，项老师不仅在学术研究上思想精深、卓有建树，而且把当年建系不过十年的郑州大学新闻系一举推向当时国内新闻教育的一流之列。

20世纪80年代初，我与项老师几乎同期调入刚组建的郑州大学新闻系。他先任副系主任，后任系主任，直至1994年突患重病，不得不离开工作岗位，而我也于1995年考入中国人民大学，我们可谓"同进同退"。人生不相见，动如参与商。1998年，我博士毕业，调离郑州大学，曾经看望辞别项老师，没想到此一别竟然过去 20 多年。看到项老师银发苍颜的照片，想到当年他提携奖掖我辈后学的历历情景，真是别有一番滋味在心头。

一个人的成长自然离不开天分与努力，同时也离不开种种偶然必然的外在影响，只不过有些影响需要岁月沉淀才能显现出来。在我的成长过程中，幸运地相继遇到梁洪浩、项德生、方汉奇、范敬宜等"贵人"，而他们的共同特征就是守正创新。"正"是马克思主义的立场、观点和方法，对共产党、共和国、共产主义正心诚意的信仰；"新"是扎扎实实、本本分分地探求真知，追求真理，持之有故，言之成理，创新而不趋新。读《起点》，这个印象尤为鲜明。正如《求是》原副主编朱峻峰所言，项老师"具有很高的哲学素养和理论素质，他的作品不仅具有新闻的敏锐性，而且具有理论的深刻性"。一位正在清华大学做访问学者的高校青年教师读到此书，也不由得感叹"视野极其宏阔，方法文理并举"。

我当年亲炙项老师的教诲，对此自然感触更深。这里，我无力对他的学术生涯及其贡献予以全面评价，只想就书中的新闻教育论述略作阐发。在我看来，项老师不仅是一位守正创新的马克思主义新闻学者，而且是颇具战略意识、战略眼光、战略思维的新闻教育家。就此而言，他可以同新中国新闻教育里程碑式的人物如陈望道、罗列、何微、范敬宜等相提并论而不逊色。也正是凭借这样的战略意识，他主政时期拿到硕士学位授权点，成就了郑州大学新闻系早期的一段光辉历史。可惜我本性愚笨，后知后觉，当年只意识到这些成就的外在意义，犹如眼下不少新闻院系追求各种外在指标一样，而经历了世事沧桑才多少理解他的新闻教育理想所蕴含的"灵魂"，也就是习近平总书记在党的新闻舆论工作座谈会上的讲话里针对新闻教育提出的目标——加快培养造就一支政治坚定、业务精湛、作风优良、党和人民放心的新闻舆论工作队伍。今年是新中国七十华诞，70 年风雨沧桑表明新闻教育的一切所思所想、所作所为，无论专业设置还是教学计划及其课程内容，也无论研究项目、核心期刊还是学术活动、头衔奖项，以及引进人才、培养师资、建设先进实验室、实习基地等，都应该也必须围绕这个唯一目标。只有如此，中国新闻教育才有"灵魂"，否则，再高大上、国际化，再峨冠博带、法相庄严，都难免"失魂落魄"，甚或"没有灵魂"。项德生教授以及陈望道、罗列、何微、范敬宜等一代马克思主义新闻教育家的过人之处正在于此，他们的所思所想、所作所为无不围绕培养社会主义新闻事业的建设者和接班人。仅从《起点》有关新闻教育的论述中，也不难看到这种"战略地带的开阔"，从而与"去政治化""去意识形态化"的新闻教育及其"精致的平庸"划出了楚河汉界。

30年前，他在《关于大学新闻教育的一些思考》一文中，曾提出四个"一些"的主张，也就是同其他专业如中文、历史、哲学等相比，新闻专业培养的人才应该是政治素质更高一些，社会活动能力更强一些，知识面更广一些，笔头更快一些。其中，政治素质又居首位，"新闻教育一定要把培养政治上靠得住的人放在第一位"。同时，他也实事求是地指出：指望通过四年大学生活，使一个年轻幼稚的高中毕业生成长为文武全才的新闻战士，不过是一种乌托邦式的良好愿望。这里，需要明确两点：第一，明确大学新闻教育培养的是一支特殊队伍，是政治素质相当高，业务能力相当强，在多种考验面前都能过硬的人才；第二，明确培养合格的新闻人才是一项系统工程，大学教育只是其中一环，而新闻教育要把好大学教育这一环。

为此，他反复强调培养"马克思主义记者"，只有这方面"上路"，才能称得上"合格"，否则就不"合格"。新闻学子固然需要练习写作，希望文采出众，他也一直主张，"新闻系的大学生熟读和背诵上百篇中国古典文学作品，要求他们没完没了地练习写作，练就一支生花妙笔"。但是，我们培养的是马克思主义记者，第一位的不是造就笔杆子，而是政治家、社会活动家。如果新闻教育"重义务，轻政治"，那么，不仅误人子弟，而且可能祸国殃民，即"对学生毕业后尽快上路极为不利，并且还会因为一些人易走邪路而祸及人民的利益和社会主义的千秋大业"。他的远见相对于时下一些新闻教育的偏差，更有深刻意味，并富有针对性。

那么，大学四年怎么培养政治合格的记者呢？他提出三点主张：一要掌握马克思主义的基本理论，二要熟悉中国的基本国情，三要学会运用马克思主义的立场、观点和方法，观察分析国内外形势和各种社会问题——"这应当是贯穿四年大学教育的核心内容和基本训练"。在他看来，"我们培养出来的学生只要有了这样的思维能力和思维习惯，他们就有了深刻理解和正确宣传党的路线方针政策的思想基础，就有可能自觉地在思想政治上同党中央保持高度一致，走出学校后经过一段实践锻炼就能很快上路"。多年来，新闻教育界不时感叹我们的名记者太少，一直呼唤名记者大量涌现。那么，名记者从哪里来呢？项老师的看法是：

> 培养社会主义的名记者更重要的是进行马克思主义基本理论教育和国情教育，并使二者有机统一起来，使他们从学生时代起就学着像我们党那样观察社会和思考问题，即实行马克思主义的普遍真理和中国的具体实际相结合。这样，我们才能造就大方向正确，又富有创造性的马克思主义新闻记者。

所以，他提出新闻系的学生在校四年，至少精读十几部马列主义原典，如《共产党宣言》《帝国主义是资本主义的最高阶段》《关于正确处理人民内部矛盾的问题》《实践论》《矛盾论》，且需一读再读。一位饱经风霜的新闻界前辈还曾嘱告他：应当组织新闻系高年级学生读读《资本论》。这些年来，我在清华大学追随范敬宜开展马克思主义新闻观教育过程中，也深感原典经典的意义。一位本硕博均在清华大学攻读的女生，读博后第一次接触《马克思恩格斯选集》，感叹平生第一次看到如此高屋建瓴又鞭辟入里的文字，真有醍醐灌顶的畅快。事实上，注重原典经典一直是新中国新闻教育的传统，如建系90多年的复旦大学新闻学院一向奉行"两典一笔"之说，即一位合格的新闻学子应该具有马列经典、文史经典和笔力的基础。

除了阅读精读原典，项老师还强调政治理论要联系当前实际，敢于回答青年学生普遍关心的问题。他说，一不组织学生读马列原著，二不触及当代社会的重大问题，这样的教育肯定苍白无力，"不仅难以提起学生的兴趣，而且在与资产阶级自由化争夺青年一代的较量中，难免处于被动地位，乃至于打败仗"。如何触及重大现实问题？他提到人民大学新闻系在"文化大革命"前的一个有益经验，即一边坚持让学生读原著，一边注重理论联系实际，开展生动活泼的课堂讨论。"无论是哲学、政治经济学，还是中共党史、国际共运史，都联系当时的重大社会问题和学生的思想实际，组织学生开展课堂讨论，任课教师、政治辅导员乃至新闻系的党政领导，都和学生坐在一起共同讨论问题。凡是通过讨论学过的基本理论，都理解得更深，记得更牢，常常是终生难忘，一直指导着受教育者的言行。"

除了政治理论课，专业课教学也应该始终坚持马克思主义的立场、观点和方法，运用唯物史观的基本原理分析各种新闻现象，"无论是新闻理论、中外新闻史上的一系列重大问题和事件，还是采写编评等业务活动中的基本法则，都不能停留在一般描述上或就事论事的业务圈子里，都应当运用马克思主义的立场、观点和方法给予理论性的解释和透彻的说明"。他主讲"新闻学原理"之际，正是20世纪八九十年代政治思潮汹涌起伏之际，下一代世界观和价值观的混乱令他吃惊，忧心如焚。苏东剧变时，学生坦率而尖锐提出的一些问题，更使他坐立不安。他觉得，如果回避这些问题，那么，不仅"新闻学原理"讲不下去，而且对学生们正在进行的反思必定产生恶性影响。于是，他经过认真准备，在课堂上向同学们讲授了十个问题（见《起点》之《郑州大学新闻系党政领导联系东欧事态对学生进行共产主义理想教育》）。这十个问题按照历史与逻辑的顺序展开，显示了开阔的历史眼光和深厚的理论素养。他的讲授理论联系实际，而且说理透辟，在学生中引起广泛共鸣。有同学问他："老师，你为什么苦口婆心，费这么大劲，给我们讲这些道理？"他的回答同样显示了一种政治家的深远目光和战略地带的开阔：

第一，教给你们一些观察问题和分析问题的方法，中国一旦再有风吹草动，你们会更冷静些、理智些，看问题更全面些、科学些。第二，更根本的是，二三十年后，县、市、省乃至中央的权力，就要握在你们这代人手里。到了那时，中国要是出了个"团结工会"，你们在谈判时会不会节节退让？你们当了代表会不会举手同意把"中华人民共和国"的"人民"二字抠掉？

当年同学们听了之后陷入沉思，今天我读到这里更是掩卷深思。项老师的殷忧与预见，一度在某种层面显现出来，新闻教育新闻学也不例外。

注重专业课上的马克思主义指导地位，这一点在今天尤为重要。随着十八大以后春风徐来，越来越多的新闻院系开始扭转"去政治化"的偏差，重视马克思主义新闻观的教学就是一例。这当然是值得肯定的。与此同时，应该看到，许多人以为马克思主义新闻观的教育只是一门课程的事情，只要开了这门课、开好这门课就万事大吉，而忽略大量专业课是否秉持马克思主义的立场、观点和方法。事实上，专业课上"去政治化"，以及"去历史化""去中国化""去主流化"的问题更多更普遍。这些问题源于长期的"一手硬，一手软"，早已根深蒂固，仅靠一门马新观课程是不可能根本解决的。而且，由于大量专业课往往脱离政治、脱离历史、脱离现实，意识形态上自觉不自觉显现"非马克思主义化""去马克思主义化"，结果难免对思政课以及马新观的正能量形成消解之势。正如项德生教授30年前就具体指出的：

应当说，在课堂上有意向学生散布系统露骨的资产阶级新闻观点的人，是极少有的（如今可能另当别论——引者注），但在大气候的作用下，自觉不自觉地淡化马克思主义指导作用的倾向还是值得警惕的。比如，在最近若干年里，我们热心于研究人类新闻传播活动的最普遍的规律，这些规律适用于古今中外任何一种社会制度下的传播活动。的确，这些规律是不能违背的，我们曾经因为蔑视它们而吃了不少苦头。因此，研究这些超阶级、跨时代的活动规律，并向学生讲授，是完全必要的，特别是对于纠正置普遍规律于不顾的"左"倾蛮干是有特殊作用的。然而，若是过分热心研究和讲授这些抽象得过分稀薄的东西，而忽视新闻传播活动的历史具体性和当今时代不可超越的阶级性，新闻教育的导向就会发生政治性偏差。其结果，是学生们偏离或根本不了解历史唯物主义这一分析新闻现象和一切社会现象的根本方法，看不到资本主义新闻活动和社会主义新闻活动的原则区别。

真是一针见血，也让我恍然而悟。再如，他谈到的研究方法问题，更点中当下新闻院系的一个要害。如今，许多新闻院系把一套源于美国实证主义的传播研究方法奉若神明，有的新闻学院大一新生就学所谓"研究方法"，好像不学这套方法就不入流，而一旦掌握这套方法，就可以打开新闻传播规律的大门——洞天石扉，訇然中开。其实，具体的研究方法多种多样而非独此一家，而各种方法无非是发现问题、研究问题、解决问题的工具而已，既然是工具，适用即可，科学家钱伟长说过："做一番事业，用的工具要恰到好处，目的是解决问题。就像屠夫杀猪要用好刀，但这把刀刚好就行，不要整天磨刀，欣赏刀，磨得多好啊！那是刀匠的事。"即使就"屠夫的事"而言，时新的方法充其量也只是有助于探究新知，而往往无关乎追求真理，更无关马克思主义真理，如所谓"价值中立"云云。项老师以高度的政治意识和战略眼光，指出这一情况及其危害：

> 对这些方法作用不能夸大，要向学生说明它们的适用范围，不能把现代科学方法和传统科学方法对立起来，更不能给学生造成一个错

觉，似乎只有这种方法灵，其他方法都不中用了。尤其需要向学生反复说明，无论是传统的还是现代的，一切方法都不能代替马克思主义的哲学方法，所有的方法都只能在马克思主义哲学方法的统摄下，才能恰当而有力地发挥其局部性作用。教师们不仅要这么讲，而且要这么做，让学生清清楚楚地看出，老师们切切实实把马克思主义哲学方法尊于方法论的核心地位，并卓有成效。如果我们不坚持这一原则，就会无形中降低马克思主义在青年学生中的权威性，冲淡他们对马克思主义的热情和信仰。如果始终坚持了这一原则，我们的新闻专业教学做到政治与业务的统一，虚与实的统一，造就出能够尽快上路、又红又专的新闻人才。应当说，新闻专业课教学发挥这一作用的余地还相当大，需要弥补的欠缺还相当多。

30年后猛回头，现在看来"发挥这一作用的余地"似乎所剩无几，而"需要弥补的欠缺"却如女娲补天。仅看一点，即知大概。项老师希望学生们在大学四年至少精读十几部马列原典，而如今许多教师能够精读一部几万字的《共产党宣言》恐怕都屈指可数。同样，40年前甘惜分指导第一批硕士生时，要求他们通读马恩全集，而如今众多博士生能翻翻《共产党宣言》的还有几人？相反，一些非马乃至反马的东西却俨然一直大行其道。当然，此类问题的根源不在学生，甚或也不在学者或学院，而在一些体制机制的主导性作用，如随波逐流的"国际接轨"、对标美国的"一流大学"、盲目跟风的"英文发表"等。

总而言之，按照项老师的主张，社会主义新闻教育造就的是"顶天立地"的人，"顶天"在于熟悉马克思主义理论，"立地"在于熟悉国情民情，扎根在群众实践之中。新闻教育当然不能不从小处入手，如时下的媒体融合，但必须大处着眼，大处就是马克思主义基本理论教育与基本国情教育的有机统一。如果新闻教育抓不住这个"大关节"而仅仅关注专业性、技术性、操作性环节，就真可谓舍本逐末、本末倒置了。

项德生教授做过解放区的儿童团团长，大学毕业后留校人民大学新闻系，"文化大革命"期间还在部队做过指导员，父亲又是三八式老干部。这样的经历和背景难以复制，但他以高度的政治责任感、历史使命感和专业荣誉感满腔热忱培养学生，一心一意提携后进的精神，又是可以继承发扬的。如果新时代有一大批项老师这样"忠诚党的教育事业"，正心诚意培养建设者和接班人而非旁观者和掘墓人的守正创新之人，并能根治有碍守正创新的体制机制问题，那么，何愁造就不出一批又一批"党和人民放心的新闻工作者"。

阅读点燃星火[*]

伴随全民阅读活动方兴未艾,阅读史研究也日渐兴起,刘晓伟教授的《中国共产党党报党刊阅读史(1921—1949)》就是一部新作。蒙她厚爱,我得以先睹为快。拜读之际,浮想联翩。书稿既展现了革命真理如何星火燎原的历史,又在乱云飞渡的学界显露了追求真知、追求真理的星光。全书以党报党刊阅读为研究主体,兼及进步书刊阅读,不仅抽丝剥茧地把人人心中皆有而往往笔下所无的问题揭示出来,而且为新时代马克思主义中国化、时代化、大众化提供了参考和启发。

没有革命的理论,就没有革命的行动

不言而喻,100多年来,中国的革命、建设、改革始终离不开先进思想与优秀文化的滋养,所谓"两个结合",就是不断把先进思想与优秀文化同革命、建设、改革的具体实践相结合,正如列宁所言:没有革命的理论,就没有革命的行动。

阅读点燃星火。在伟大的中国革命中,无数仁人志士,更有不计其数的劳苦大众,在共产党领导下,在敢教日月换新天的历史实践中,也通过

---

[*] 本文是作者为刘晓伟教授《中国共产党党报党刊阅读史(1921—1949)》所作的序言,收录时有所删改。

直接间接的阅读以及民族的、科学的、大众的新文化，一步步经受思想的启蒙、理想的召唤、精神的洗礼，从而汇聚起移山倒海的磅礴力量，最终摆脱了半殖民地半封建的旧中国，同时开启了新中国的新篇章。其间，有数不胜数的阅读本事，真个是"共产主义真，党是领路人""唤起工农千百万，不周山下红旗乱"。

日前去西柏坡参观，看到纪念馆里展出的12本岁月沧桑的书籍，一套毛主席审定并取名的"干部必读"丛书：《共产党宣言》《社会主义从空想到科学的发展》《社会发展简史》《政治经济学》《帝国主义是资本主义的最高阶段》《国家与革命》《共产主义运动中的"左派"幼稚病》《论列宁主义基础》《苏联共产党（布）历史简要读本》《马恩列斯思想方法论》《列宁斯大林论社会主义经济建设》《列宁斯大林论中国》。

早在1938年，毛主席就说过一番有名的话："如果我们党有一百个至二百个系统地而不是零碎地、实际地而不是空洞地学会了马克思列宁主义的同志，就会大大地提高我们党的战斗力量。"在全国解放前夕的党的七届二中全会上，他再次谈到党的理论水平低，难以适应新的形势，故而推动选编了这套丛书，还说："如果在今后三年之内，有三万人读完这十二本书，有三千人读通这十二本书，那就很好。"结果仅仅一年，这套丛书就印行300万册，在革命队伍中又掀起一次理论学习热潮，为"建设一个新世界"提供了强大思想武装。事实上，毛主席一生都重视理论学习，垂暮之年仍念念不忘："认真看书学习，弄通马克思主义。"

除了先进人士先锋队阅读马列与进步书刊蔚然成风，更有千千万万农民通过形式多样的阅读，不断得到真理的"点燃"。且不说山东一个叫刘集的村庄，百姓用生命守护一本《共产党宣言》等传奇（这本珍品是全国仅存的12本陈望道首译本之一，由中国共产党第一次全国代表大会代表王尽美从上海带回山东），仅看斯诺的《西行漫记》，就绘声绘色记述了一幕幕苏区农民读书学文化的生动情景：

"这是什么?"

"这是红旗。"

"这是谁?"

"这是一个穷人。"

"什么是红旗?"

"红旗是红军的旗。"

"什么是红军?"

"红军是穷人的队伍!"

斯诺说,用这种方法教人们识字比"这是一只猫,那是一只老鼠,猫在干什么,猫在捉老鼠"有趣。"为什么要教现实主义者学寓言呢?"深思斯诺这一问题,也有助于理解马克思为什么行、共产党为什么能、毛主席为什么能够带领各族人民从胜利走向更大的胜利。

还有更富传奇色彩的阅读。赵炜,颇似电视剧《潜伏》中的余则成。1940年,他从黄埔军校毕业,毕业典礼上还见到蒋介石,得到一把赏赐的"中正佩剑",后来效力于第五战区绥靖组,也就是一个特务机构。当时,特务们查获了一批进步文化书刊,包括艾思奇的《大众哲学》、毛泽东的《论联合政府》等。闲着无聊时,赵炜也随手翻翻。不料,看着看着,思想就开始发生转变。杜聿明掌管国民党东北军政时,赵炜已是中共中央安插在国民党军东北司令部的一张王牌,送出颇有价值的情报,为解放战争作出贡献。

与此相似,还有周佛海之子周幼海的故事。周佛海是从中国共产党第一次全国代表大会代表堕落为大汉奸,而周幼海则由纨绔公子成为中国共产党"特别党员",父子之路背道而驰。促使周幼海走上革命道路的最初动因,也是阅读革命进步书刊。1939年,周佛海随同汪精卫叛国投敌后,17岁的周幼海作为汪伪政府"接班人"兼"人质"被弄到日本读书。其间,纸醉金迷、内心空虚的周幼海在同学推荐下,先后读到《西行漫记》

《论持久战》《资本论》《大众哲学》等，思想迅速发生变化，最后投入革命阵营。上海解放前夕，他冒着生命危险从事策反、情报等地下工作。

春风杨柳万千条，六亿神州尽舜尧

新中国成立后，为人民服务、以人民为中心更成为至高无上的"天条"。1966 年，陈毅、陶铸同《欧阳海之歌》作者金敬迈交谈时讲的话，堪称文化领域的共产党宣言："少数人垄断科学和文化的时代已经一去不复返了。"为了翻身翻心，为了当家作主，从延安时代的"夫妻识字"到 20 世纪 50 年代的简化汉字、拼音字母，从新中国成立之初大张旗鼓的扫盲、识字班、工农速成学校到"文化大革命"后期近百万"工农兵学员"，从世纪末普及义务教育到新时代全民阅读，亿万各族人民的文化水平不断提高，精神生活日益丰富，阅读的获得感也与日俱增。

解放战争期间，先父被国民党抓了壮丁，在陕北的宜川战役中被俘，成为解放战士，如同无数大字不识的睁眼瞎，不仅在人民军队扫了盲，还上了军校。小时候，印象里，父亲常看的读物有《共产党宣言》、《国家与革命》、毛选、《红旗》、《参考消息》等。类似情况如春草绿色，春水碧波，郁郁青青，浩浩汤汤，无不为阅读史的研究提供了无限广阔的天地。

除了新闻报道、工作报告、各类文章、学术著述所展现的丰富阅读本事，气象一新的人民文艺也折射了万千栩栩如生的历史图景。如分别反映革命与建设的影片《地道战》与《创业》。《地道战》里的民兵队长高传宝，得到老村长牺牲前交给他的一本《论持久战》，挑灯夜读，豁然开朗，翌日清晨，推开房门，一轮红日喷薄而出，家喻户晓的名曲《太阳出来照四方》悠然而起。《创业》讲的是大庆精神大庆人，主人公周挺杉以铁人王进喜为原型。同《地道战》一样，《创业》的主人公遇到难题时，也从阅读中寻求突破：茫茫雪原，点点繁星，石油工人围着篝火，读着《矛盾论》。周挺杉读着说着：读一本书就像翻一座山，我们要翻山越岭去见毛主席！接着是同样优美动人的插曲《满怀深情望北京》。

2024年第1期《人民文学》头题，刊发了人民文学家柳青的佚作、长篇小说《在旷野里》（按照小说内容以及柳青女儿的定名，更准确、更鲜明，也更贴合柳青原著的书名是《县委书记》）。小说塑造了一位焦裕禄似的县委书记朱明山，一开篇写他从省城西安坐火车去县里赴任，途中就有一系列读书读报的细节：

  列车在向朱明山要去工作的那个县奔驰着。他在读着新近出版的《中国共产党的三十年》，间或用钢笔在书上打着记号，好像车厢里只有他一个人……
  ……
  车厢的那头，有几个旅客在一块看着一张报纸，他们在列车的喧闹声中高兴地谈论着什么，那种兴奋鼓舞的样子吸引了朱明山。
  ……
  直到小车站上通知开车的钟声当当当响了的时候，他才发现他身边坐了一个新上车的女同志，在灰制服的肩膀上垂着两条辫，她用一本莫斯科外国书籍出版局印行的装订很好的书，朝她因为出汗而显得特别红润的二十岁上下的脸庞扇着凉。
  朱明山看见女同志扇凉的是这两年在中国最流行的书籍之一——加里宁的《论共产主义教育》。他也特别喜欢这本书。他曾经给他的爱人高生兰介绍过很多次，催促她读它。

从20世纪50年代面向广大亚非拉与社会主义阵营的广泛开放，到70年代中美解冻开启的面向西方世界的全面开放，中华人民共和国正如美国汉学家艾恺在《人民日报》所言，思想更为活跃和开放，视野更加开阔，社会更加包容……（《见证你的伟大复兴，中国》）而这一切也无不得益于全民性阅读，包括当年红红火火的工农兵学哲学、用哲学，以及六七十年

221

代内部发行的"皮书"。不妨说,真理标准大讨论也得益于此。新中国成立60年之际,"七七级"大学生、作家韩少功在《中国青年报》上发表文章《怀念那些读书的日子》,讲述了六七十年代令人忍俊不禁的读书故事:

> 胡某也是一工人,有自己单独的书房,还经常向我偷偷提供"内部"书……天知道他读过多少书,因此无论你说一个什么观点,他几乎都可以立刻指出这个观点谁说在先,谁援引过,谁修正过,谁反对过,谁误解过,嘀嘀嘟嘟一大堆,发条开动了就必须走到头。因为他成为某电机学院的工农兵学员,我后来与他断了联系。
>
> ……
>
> 秦某也是这样的书虫。他长得很帅,是我哥朋友的朋友的朋友。一个未遂的地下组党计划,还曾在他们这个跨省的朋友圈里一度酝酿。有一次他坐火车从广州前来游学,我和哥去接站。他下车后对我们点点头,笑一笑,第一句话就是:"维特根斯坦的前期和后期大不一样,那本书并不代表他成熟的思想……"这种见面语让我大吃一惊,云里雾里不知所措,但我哥熟门熟路立刻跟进,从维特根斯坦练起,再练到马赫、怀特海、莱布尼兹、测不准原理以及海森堡学派,直到两天后秦某匆匆坐火车回去上班。
>
> ……
>
> 1972年"皮书"恢复出版,虽限于"内部",但经各种渠道流散,已无"内部"可言。加上公开上市的《落角》《多雪的冬天》《你到底要什么》一类,还有《摘译》自然版和社科版两种杂志对最新西方文化资料的介绍,爱书人都突然有点应接不暇。春暖的气息在全社会悄悄弥漫,进一步开放看来只是迟早问题。

所谓"皮书",是指发行于20世纪六七十年代、供批判用的外国文史哲书籍以及文学作品,如《通往奴役之路》《新阶级》《局外人》《等待戈多》《麦田里的守望者》，以及考茨基、托洛茨基、伯恩斯坦等"修正主义"著作。由于没有封面设计，仅限"内部发行"，故被称为"皮书"，包括"黄皮书""灰皮书"等。

作为"七七级"小字辈，我没有韩少功及其笔下的高大上阅读，但除了着迷而半解不解读马列与毛选，也乐此不疲一读再读《水浒传》《三国演义》《西游记》《儒林外史》、普希金、高尔基等，还有《十万个为什么》《赤脚医生手册》《飞机为什么会飞》《晶体管基础知识及其应用》一类科普读物。1976年上山下乡前，还买到平生第一部"大书"、点校本《史记》，郭沫若题写的书名印象深刻。当年的10元价格更觉不菲，足够一月生活费。日前刚好读了《中国当代文学编年史：第四卷（1966—1976）》，其中记载道：1966，汤因比《历史研究》由上海人民出版社出版，内部发行；1970年，上海人民出版社修订《十万个为什么》，增编第15至23册；1973年，人民文学出版社出版小林多二喜《蟹工船》，再版瞿秋白《多余的话》；1968年，全国新版图书2677种，期刊22种，1975年，达13716种，新版图书10633种，期刊476种；1978年，延续20年的"二十四史"点校本全部出齐，成为中国文化的一大盛事……

纵然一年才将军，也得日日都拱卒

习近平总书记说，他"最大的爱好是读书"。延安作家、记者曹谷溪曾在延川县工作有年，"文化大革命"后期成为延安地委机关报《延安通讯》记者，在头版头条报道《取火记——延川县人民大办沼气见闻》中，详细写到梁家河大队党支部书记习近平的事迹。在《习近平的七年知青岁月》的出版座谈会上，他回忆说："在土窑洞里的煤油灯下，每天他都要读书到深夜。据我所知，上大学前，他就三遍通读《资本论》，写了厚厚的18本读书笔记！"当年，知青习近平在陕北山坡上一边放着羊、一边读着书的情景令人过目难忘。为此，他常要求各级干部"爱读书，读好书，善读书"。2014年5月，他在上海考察时还特别说道，领导干部"少一点应酬，多用一些时间静心读书、静心思考"。

阅读自然需要时间，而今三百六十行貌似无不行色匆匆，时间紧迫，所谓时间就是金钱，难得静心读书，更不用说读经典大部头了。事实上，阅读的主要矛盾不在时间而在用心。如果用心，即使疾如流星的快递小哥，也会挤出零打碎敲的时间。看看《毛泽东年谱》，岁岁年年朝朝暮暮岂止日理万机，而除了文韬武略不世之功与邃密群科经天纬地，一部《资治通鉴》，毛主席就读了17遍，正所谓"掌上千秋史，胸中百万兵"。对此，我们高山仰止，固然无法企及，但学而不厌、手不释卷、学用结合、知行合一还是可以多少效法的，故周总理在新中国成立初期就曾号召全国青年"学习毛泽东"。

20世纪60年代，北京市文教书记邓拓在《北京晚报》主持专栏"燕山夜话"，还与北京市副市长吴晗、统战部部长廖沫沙在《前线》杂志开设"三家村札记"。其间，介绍的一种"三上"读书法广为人知：枕上、马上、厕上。首届范长江新闻奖获得者、新华社原总编辑南振中，向以"爱读书，读好书，善读书"著称。在与青年记者谈读书时，他讲到的一个阅读方法更实用、更见效：

> 《列宁选集》第1卷858页，第2卷1005页，第3卷933页，第4卷765页，4卷合计3561页。由于采访报道任务繁重，要在短期内读完这4大本书，的确有一定困难。为了解决读书同时间的矛盾，1973年元旦我拟定了一个总体学习计划：按照每小时平均10页的阅读速度，将《列宁选集》1—4卷通读一遍需要356个小时。如果每天挤出1小时，不到一年就可以把《列宁选集》1—4卷通读一遍。有了这个总体规划，零碎时间就像珍珠一样被串了起来。实践的结果是只用了6个月，就把《列宁选集》通读了一遍。(《把"阅读"培养成为一种爱好》)

纵然一年才将军，也得日日都拱卒——这个读书经验也让我获益良多。

上述拉拉杂杂的读后感，也希望为晓伟等阅读史研究提供一点儿参考。晓伟属于新时代新青年的佼佼者。10年前，初相识，她还是博士生，同许多懵懂学子一样，在西风日盛、玄风日畅的新闻学界，云里雾里不知何去何从。而一旦踏上人间正道，很快就崭露头角，展现出色的钻研能力，不到40岁晋升教授。这部新作旁征博引，参考了不下300种文献，让人想起一位学者所言：要想写好一篇文章，就要有200篇文章的阅读量；要想写好一本专著，就要有200部专著的积淀。特别是，这部阅读史新作既呼应着新时代新闻学，包括北京大学张慧瑜的"基层传播论"、中国社会科学院沙垚的"群众新闻学"等新探索，更体现着立足中国大地、为人民著书立说的学术宗旨。

后　记

何谓中国新闻学或中国特色新闻学？简言之，与中国道路若合一契的自主知识体系之谓也。具体说来，就是在马列主义同中国实践相结合、同优秀传统文化相结合的进程中，力求历史与逻辑、科学性与革命性有机统一的知识、理论与学问。借用一代马克思主义新闻学家甘惜分的名言，也就是"立足中国土，请教马克思"的学科体系、学术体系、话语体系。

在人类历史长河中，华夏是唯一延续至今的文明。中华文明自古尊奉"天行健，君子以自强不息；地势坤，君子以厚德载物"。浴火重生的新中国，更激发了"我民族独立之精神、自由之思想"（陈寅恪），"创造了中国式现代化新道路，创造了人类文明新形态"。同时，5000多年文明史也凝聚了源远流长的传播宝藏，两个百年奋斗史又开创了天地翻覆的传播新局：从制礼作乐（超迈于"仪式传播"）到修齐治平（迥异于"身体传播"），从多民族交流融合到大一统天下网络，从校尉羽书飞瀚海到满村听说蔡中郎，从科学民主家喻户晓到革命真理深入人心，从建设年代的农村广播站到火红岁月的工人文化宫，从烽火岁月的"宣传者、鼓动者、组织者"到改革开放的互联互通村村通，从天地交而万物通之"交通"到"一带一路"之"民心相通"，无不为新闻学提供了丰沛的实践活水和学术源流，有待今人施展学术研究的想象力与创造力。

以"民族的、科学的、大众的"新文化为例，就有多少值得新闻传播学科深耕细作的课题：新旧融合，中西汇通，传播老百姓喜闻乐见的马列主义，以及新社会、新风尚；扫盲运动、简化汉字、汉语拼音、爱国卫生等一整套提升人民科学文化素质的教育教化；广播网、电视网、通信网等一系列保障人民基本媒体使用权的基础设施；俱乐部、文化站、读报组、乌兰牧骑、文艺汇演、广场舞等组织形态，使亿万各族人民作为主人翁而非旁观者融入其中；"向科学进军""学哲学、用哲学""工农兵通讯员"，召唤起千千万万普通人参与精神生产、科学研究、新闻传播，20世纪六七十年代遍及城乡如火如荼的"无线电热"世所罕见；高张反帝反殖反霸大纛以及和平共处五项原则，同各国人民以及世界一切进步人士广泛交往；新时代国家传播治理体系与治理能力的现代化问题；等等。

诸如此类，均为中国新闻学或中国特色新闻学的一江春水，浩浩汤汤，取之不尽，用之不竭。为此，笔者已有《新中国新闻论》《新时代新闻论》《中国道路新闻论》《从清华到河大——一个黄河学者的新闻思考》等论著，这部《中国特色新闻论》构成这一系列的延续。其中，不少篇什曾在报刊发表，也得益于下列编辑朋友：樊亚平（《兰州大学学报》）、刘海龙（《国际新闻界》）、郝红（《当代传播》）、刘鹏（《新闻记者》）、张垒（《中国记者》）、王立刚（《青年记者》）、李雪枫（《山西大学学报》）、李建红（《出版发行研究》）、张贝（《人民论坛》）、钟鑫（《前线》）、刘卫东（《海河传媒》）、张斯琦（《华夏文化论坛》）、李攀（《北京日报》理论版）、施宇[①]（《新闻爱好者》）……另外，书稿责编万晓文女士提供了编辑思路，博士生丁远哲则帮助处理细务，在此一并致谢。

李　彬

2024年春节于泉城

---

① 令人痛惜的是，2024年大年除夕前一天，施宇主编遽然病故，英年而逝。

图书在版编目（CIP）数据

中国特色新闻论 / 李彬著.—北京：中国国际广播出版社，2023.11

ISBN 978-7-5078-5464-0

Ⅰ.①中… Ⅱ.①李… Ⅲ.①新闻学－研究－中国 Ⅳ.①G210

中国国家版本馆CIP数据核字（2023）第237946号

中国特色新闻论

著　　者	李　彬
责任编辑	万晓文
校　　对	张　娜
版式设计	邢秀娟
封面设计	王广福
出版发行	中国国际广播出版社有限公司 ［010-89508207（传真）］
社　　址	北京市丰台区榴乡路88号石榴中心2号楼1701
	邮编：100079
印　　刷	天津市新科印刷有限公司
开　　本	710×1000　1/16
字　　数	230千字
印　　张	15
版　　次	2024年8月　北京第一版
印　　次	2024年8月　第一次印刷
定　　价	52.00元

版权所有　盗版必究